100 DELICIOSAS RECEITAS DE GUMBO

A MELHOR MISTURA PARA GUMBO

Cláudia Carneiro

Todos os direitos reservados.

Isenção de responsabilidade

As informações contidas neste eBook destinam-se a servir como uma coleção abrangente de estratégias sobre as quais o autor deste eBook pesquisou. Resumos, estratégias, dicas e truques são recomendados apenas pelo autor, e a leitura deste e-book não garante que os resultados de alguém reflitam exatamente os resultados do autor. O autor do eBook fez todos os esforços razoáveis para fornecer informações atuais e precisas para os leitores do eBook. O autor e seus associados não serão responsabilizados por quaisquer erros ou omissões não intencionais que possam ser encontrados. O material do eBook pode incluir informações de terceiros. Materiais de terceiros compreendem opiniões expressas por seus proprietários. Como tal, o autor do eBook não assume responsabilidade ou obrigação por qualquer material ou opinião de terceiros.

O eBook é copyright © 2022 com todos os direitos reservados. É ilegal redistribuir, copiar ou criar trabalhos derivados deste eBook no todo ou em parte. Nenhuma parte deste relatório pode ser reproduzida ou retransmitida em qualquer forma reproduzida ou retransmitida em qualquer forma sem a permissão por escrito expressa e assinada do autor.

ÍNDICE

ÍNDICE 3
INTRODUÇÃO 6
RECEITAS BASE 8
    1. Roux 9
    2. Estoque de frutos do mar 11
    3. Estoque de aves 13
    4. Arroz 15
    5. Tempero Crioulo 17
RECEITAS DE GOMBO 19
    6. Gumbo de frango e camarão 20
    7. Gumbo de frango com quiabo 23
    8. Gumbo de Vieira de Forno Holandês 26
    9. Gumbo de frango do forno holandês 28
    10. Gumbo de pato do forno holandês 30
    11. Gumbo da Costa do Golfo 33
    12. Frango, Camarão e Tasso Gumbo 37
    13. Gumbo crioulo 41
    14. Gumbo crioulo de frutos do mar 44
    15. Gumbo de frango e andouille 48
    16. Gumbo de camarão e quiabo 51
    17. Super Gumbo 55
    18. Cajun Hen Gumbo 60
    19. Gumbo de codorna 63
    20. Gumbo z'Herbes 67
    21. Filé Gumbo 71
    22. Gumbo de peixe-gato 74
    23. Gumbo de repolho 78
    24. Gumbo de peru 81
    25. Gumbo sem Roux 84
    26. Pato e Andouille Gumbo 88
    27. Ganso Assado e Foie Gras Jambalaya 92
    28. Jambalaya Negra 95

29. Jambalaya de Frango, Camarão e Linguiça..98
30. Jambalaya de lagosta e linguiça..101
31. Pastalaya..104
32. Fogão Lento Jambalaya..107

LAGNIAPPE..110

33. Bisque de Lagosta..111
34. Étouffée de lagosta..115
35. Tortas de lagosta..118
36. Arroz da terra..121
37. Ovos Sardou..124
38. Grits e Grelhados..127
39. Empadas de Carne Natchitoches..130
40. Gumbo de alcachofra de ostra..133
41. Molho de Ostra..136
42. Torta de ostras..139
43. Ostra Rockefeller Gumbo..143
44. Caldo de corte de peixe vermelho..146
45. Feijão Vermelho e arroz..149
46. Camarão e grãos..152
47. Remoulade de Camarão..155
48. Geleia de Pimenta..158
49. Mirlitons Recheados..160
50. Gumbo de tartaruga..163
51. Arroz e Feijão com Ovos Fritos..167
52. Caçarola de café da manhã Huevos Rancheros..171
53. Tigela de Burrito de Manga e Feijão Café da Manhã..175
54. Pimentões Recheados de Fogão Lento..178
55. B mistoean e molho de arroz..182
56. Feijão Pinto e Bolinhos de Arroz..185
57. Feijão frito, arroz e bolinhos de salsicha..188
58. Arroz Longo e Feijão Pinto..191
59. Frango ao limão com arroz de grão longo frito com ovo..194
60. Arroz de grão longo Hoppin' John..198
61. Feijão Pinto e Arroz de Inspiração Mexicana..201
62. Feijão Pinto e Arroz com Coentro..204
63. Arroz e feijão espanhol..208
64. Arroz e feijão em uma panela..212
65. Arroz e Feijão Pinto do Sul..215

66. Feijão Pinto e Arroz e Linguiça......218
67. Gallopinto (Arroz e Feijão da Nicarágua)......221
68. Molho de feijão e tomate sobre arroz......225
69. Feijão cajun......229
70. Arroz e feijão com queijo......232
71. Feijão Pinto e Arroz de Açafrão......235
72. Arroz de tempero de taco com feijão carioca......238
73. Arroz e feijão indiano de abóbora......241
74. Feijão de cowboy mexicano......244
75. Festa do Caribe......247
76. Jaca e feijão jamaicano com arroz......251
77. Pilaf de arroz com feijão, frutas e nozes......255
78. Feijão e arroz cha cha cha tigela......258
79. Refogado de nabo com feijão......261
80. Arroz com cordeiro, endro e feijão......264
81. Feijão Pinto Queijo......269
82. Arroz e feijão com pesto de manjericão......272
83. Fraldinha com feijão e arroz......274
84. Arroz e Feijão Africano......278
85. Salada de alfarroba, feijão carioca e arroz......281
86. Salada de feijão, arroz e legumes......284
87. Salada de Edamame e Feijão Pinto......287
88. Salada de arroz e feijão com crudité picadinho......290
89. Gumbo de feijão e arroz......293
90. Chili com Carne......296
91. Gumbo de arroz vegano......298
92. Burritos de feijão e arroz......301
93. Enroladinhos de Arroz e Feijão......304
94. Flautas de Feijão Pinto Cozido com Tortilla de Farinha de Arroz......307
95. Enchiladas de arroz e feijão com molho vermelho......311
96. Quesadillas de Arroz e Feijão......315
97. Bolo peruano de tacu tacu......318
98. Ervilhas cozidas alcalinas com bolinhos......322
99. Caril de Quiabo......325
100. Caril de Coco Vegetal......327

CONCLUSÃO......329

INTRODUÇÃO

Gumbo é a essência da cozinha crioula e cajun, o prato obrigatório em todos os menus de restaurante e o coração da comida caseira. Apresenta os melhores mariscos indígenas, bem como salsichas, aves, caça e especiarias locais. Originou-se na Louisiana no século XVIII e deriva seu nome da palavra bantu para quiabo (gombo) ou da palavra choctaw para filé (kombo). Tanto o quiabo quanto o filé, que são folhas de sassafrás moídas usadas pelos nativos americanos, servem como espessantes para o gumbo, junto com o roux, uma base de farinha dourada em óleo. O espessante mais comum é o roux, que é semelhante ao molho. A medida em que é dourado determina a cor do gumbo. Cozinheiros locais costumam levá-lo a uma cor marrom-escura que dá ao produto acabado um sabor profundo e robusto. Tradicionalmente, cebola, aipo, e pimentão (conhecido como a trindade da culinária local) mais alho são fritos no roux, e o caldo é adicionado para fazer um Gumbo. Ingredientes que variam de mariscos a aves e caça selvagem criam o tipo e o sabor do gumbo. Temperos como pimenta caiena, tomilho e louro alteram o sabor do prato para agradar o cozinheiro, e o gumbo é servido em tigelas sobre arroz.

Os estilos mais distintos de gumbo são o crioulo (Nova Orleans) e o cajun (sudoeste da Louisiana). O crioulo usa tomate e o cajun não. Portanto, um é marrom e o outro é marrom avermelhado. O gumbo crioulo tende a ter uma base mais fina, enquanto um gumbo cajun é mais forte, mais escuro e às vezes mais grosso, e é mais apto a usar caça, como patos selvagens. No sul da Louisiana, gumbos são servidos em todas as mesas, ricos ou pobres, e na maioria dos restaurantes, sofisticados ou não.

RECEITAS BASE

1. Roux

RENDE CERCA DE 1 COPO

INGREDIENTES

1/2 xícara de óleo vegetal

1/2 xícara de farinha de trigo

INSTRUÇÕES

Aqueça o óleo em uma panela grande e pesada em fogo alto; adicione a farinha e mexa constantemente até que a mistura comece a dourar. Reduza o fogo para médio ou médio-baixo e cozinhe, mexendo sempre, até que o roux fique marrom médio, ou da cor de manteiga de amendoim ou chocolate ao leite.

Se você preferir um gumbo mais escuro, continue dourando até que o roux fique com uma cor de chocolate escuro. Quanto mais escuro o roux, mais fino será o gumbo. Não queime o roux, ou estragará o sabor do gumbo. Se cheirar a queimado, é porque cozinhou por muito tempo. A maioria dos gumbos são saborosos e ligeiramente espessos quando o roux é da cor do chocolate ao leite.

2. Estoque de frutos do mar

FAZ 5 COPOS

INGREDIENTES

1 1/2 libras de cascas de camarão, lagosta ou caranguejos

INSTRUÇÕES

Coloque as cascas em uma panela média e cubra com água fria. Leve para ferver. Cubra, reduza o fogo para médio-baixo e cozinhe por 30 minutos. Variedade.

3. Estoque de aves

FAZ 8 COPOS

INGREDIENTES

3 libras de ossos de frango, peru ou pato

1 cebola grande, descascada e cortada em quatro

2 talos de aipo, cortados ao meio

2 cenouras, cortadas em quatro

1/2 colher de sopa de pimenta preta

2 dentes de alho grandes, cortados ao meio

10 xícaras de água fria

INSTRUÇÕES

Coloque todos os ingredientes em uma panela de 6 litros. Leve para ferver. Reduza o fogo para médio-baixo, cubra a panela com a tampa torta e cozinhe por 2 1/2 horas. Quando esfriar o suficiente para manusear, coe. Deixe esfriar completamente e retire a gordura do topo. Se for fazer com antecedência, leve à geladeira e retire a gordura sólida.

4. Arroz

FAZ 6-8 PORÇÕES

INGREDIENTES

2 xícaras de água

2 xícaras de arroz integral enriquecido

1/2 colher de chá de sal

INSTRUÇÕES

Em uma panela pequena com tampa, ferva a água. Adicione o arroz e o sal. Reduza o fogo, tampe e cozinhe em fogo baixo até que a água seja absorvida, cerca de 20 minutos. Não é necessário mexer.

5. Tempero Crioulo

FAZ 2 1/2 ONÇAS

INGREDIENTES

2 colheres de sal

2 colheres de chá de pimenta caiena

4 colheres de chá de pimenta preta moída na hora

4 colheres de chá de alho em pó

4 colheres de chá de páprica, doce ou quente, ou a gosto

4 colheres de chá de sal de aipo

2 colheres de chá de pimenta em pó

INSTRUÇÕES

Misture todos os ingredientes em uma tigela média. Armazene em uma garrafa de tempero limpa de 2 1/2 onças. O tempero manterá sua força por vários meses.

RECEITAS DE GOMBO

6. Gumbo de frango e camarão

PORÇÕES 4

INGREDIENTES
2 colheres de óleo de canola
¼ xícara de farinha de trigo
1 cebola média, em cubos
1 pimentão verde, sem sementes e picado
2 talos de aipo, em cubos
3 dentes de alho, picados
1 colher de sopa de tomilho fresco picado
¼ a ½ colher de chá de pimenta caiena
½ xícara de vinho branco seco
1 lata de tomate em cubos sem adição de sal
2 xícaras de água
1 pacote (10 onças) de quiabo fatiado congelado
4 onças de linguiça andouille defumada, cortada em cubos
1 libra de camarão médio, descascado e limpo
1½ kg de peito de frango cozido, em cubos

INSTRUÇÕES

Aqueça o óleo em uma panela grande ou forno holandês em fogo médio-alto. Adicione a farinha e cozinhe, mexendo sempre.

Adicione a cebola, pimentão, aipo e alho e cozinhe, mexendo ocasionalmente, até que as cebolas estejam macias, cerca de 5 minutos.

Adicione o tomilho e a pimenta-caiena e cozinhe por mais 1 minuto. Junte o vinho e deixe ferver, mexendo de vez em quando.

Adicione os tomates com seu suco, água e quiabo e cozinhe, descoberto, por cerca de 15 minutos. Adicione a linguiça e o camarão e cozinhe por mais 5 minutos.

Junte o frango cozido e continue a ferver, mexendo ocasionalmente, até que o frango esteja aquecido e o camarão fique opaco.

7. Gumbo de frango com quiabo

INGREDIENTES

- 1 quilo de camarão médio descascado
- 1/2 libra de peito de frango sem pele e sem osso
- 1/2 xícaracocoóleo
- 3/4 xícaraamêndoafarinha
- 2 xícaras de cebola picada
- 1 xícara de aipo picado
- 1 xícara de pimentão verde picado
- 1 colheres de chá de cominho moído
- 1 colheres de sopa de alho fresco picado
- 1 colher de chá de tomilho fresco picado
- 1/2 colheres de chá de pimenta vermelha
- 6 xícaras de caldo de galinha
- 2 xícaras de tomates em cubos
- 3 xícaras de quiabo fatiado
- 1/2 xícara de salsa fresca picada
- 2 folhas de louro
- 1 colher de chá de molho picante

INSTRUÇÕES

a) Refogue o frango em fogo alto até dourar em uma panela grande. Retire e reserve. Pique a cebola, o aipo e o pimentão verde e reserve.

b) Coloque o óleo e a farinha em uma panela. Mexa bem e doure para fazer um roux. Quando o roux estiver pronto, adicione os legumes picados. Refogue em fogo baixo por 10 minutos.

c) Acrescente o caldo de galinha aos poucos mexendo sempre.

d) Acrescente o frango e todos os outros ingredientes, exceto o quiabo, o camarão e a salsinha, que ficarão guardados para o final.

e) Cubra e cozinhe em fogo baixo por meia hora. Retire a tampa e cozinhe por mais meia hora, mexendo de vez em quando.

f) Adicione o camarão, o quiabo e a salsinha. Continue a cozinhar em fogo baixo descoberto por 15 minutos.

8. Gumbo de Vieira de Forno Holandês

TEMPO TOTAL DE COZIMENTO: 36 MINUTOS
PORÇÕES: 4
EQUIPAMENTO: FORNO HOLANDÊS DE 12 POLEGADAS

INGREDIENTES

2 quilos de vieiras baby
3 colheres de farinha
2 cebolas, picadas
2 pimentões, picados
1/2 xícaras de aipo, picado
quiabo de 2 quilos, fatiado
4 colheres de óleo de cozinha
3 tomates, fatiados
Alho picado, 2 dentes
Acerte o sal e a pimenta

INSTRUÇÕES

Faça um roux usando farinha e óleo de cozinha.
Adicione o pimentão, a cebola e o alho junto com a água, sal e pimenta.
Adicione o aipo, o quiabo e o tomate e cozinhe por 30 minutos com a tampa.
Adicione as vieiras e cozinhe por mais 6 minutos.

9. Gumbo de frango do forno holandês

TEMPO TOTAL DE COZIMENTO: 15 MINUTOS
PORÇÕES: 6
EQUIPAMENTO: FORNO HOLANDÊS DE 12 POLEGADAS

INGREDIENTES

2 colheres de óleo de cozinha
1 xícara de aipo, picado
quiabo de 2 quilos, fatiado
Alho picado, 2 dentes
3 tomates, fatiados
2 colheres de farinha
2 quilos de peito de frango, em cubos
Sal e pimenta
2 pimentões, picados
2 cebolas, picadas

INSTRUÇÕES

Faça um roux usando farinha e óleo de cozinha. Cozinhe enquanto joga frequentemente até dourar.
Adicione o pimentão, a cebola e o alho junto com a água, sal e pimenta.
Adicione o aipo, o quiabo e o tomate.
Depois de adicionar o frango, cozinhe por mais 6 minutos.

10. Gumbo de pato do forno holandês

TEMPO TOTAL DE COZIMENTO: 2 HORAS E 20 MINUTOS
PORÇÕES: 12
EQUIPAMENTO: FORNO HOLANDÊS DE 12 POLEGADAS

INGREDIENTES
PATO:
2 folhas de louro
3 colheres de chá de sal
3 patos
2 costelas de aipo
1 galão de água
1 cebola, em quatro
1 colher de chá de pimenta
2 cenouras

QUIABO:
1 xícara de óleo
¼ xícara de salsa picada
1 xícara de farinha
Alho picado, 2 dentes
½ xícara de aipo, picado
1 xícara de pimentão, em cubos
2 xícaras de arroz cozido
1 ponto ostras e licor
1-libra quiabo, fatiado
1 xícara de cebola, em cubos
4 colheres de gordura do bacon
1 kg de camarão cru e descascado

INSTRUÇÕES:

PATO

Cozinhe o pato, cebola, louro, aipo, sal e pimenta por cerca de 1 hora.

PARA GUMBO:

Misture a farinha e o óleo usando um forno holandês.

Adicione o alho, cebola, aipo e pimenta verde; refogue o quiabo na gordura do bacon por 20 minutos.

Aqueça o caldo em uma panela Gumbo antes de adicionar o roux e a mistura de vegetais.

Cozinhe por 1 hora, coberto, com o quiabo.

Junte os camarões, as ostras e o licor.

11. Gumbo da Costa do Golfo

RENDE 8 PORÇÕES

INGREDIENTES

1 xícara de óleo vegetal

1 1/2 xícaras de farinha de trigo

2 1/2 xícaras de cebola picada

1 1/2 xícaras de aipo picado

1 1/2 xícaras de pimentão verde picado

3 colheres de alho picado

1 colher de chá de Essência Original de Emeril ou outro tempero crioulo

1 1/2 colheres de chá de sal

1 colher de chá de pimenta preta moída na hora

1/2 colher de chá de pimenta caiena

2 folhas de louro

1 colher de chá de tomilho seco

1 colher de chá de orégano seco

1 libra de linguiça defumada, cortada em rodelas de 1,2 cm de espessura

1 libra de caranguejos gumbo, cortados ao meio (ver Nota)

10 xícaras de caldo de camarão ou água

1 libra de caudas de lagosta da Louisiana cozidas, com qualquer gordura

1 libra de camarão do Golfo descascado e limpo

1/2 xícara de cebolinha picada, além de mais para servir

1/4 xícara de folhas de salsa frescas picadas, além de mais para servir

Arroz branco cozido no vapor, para servir

INSTRUÇÕES

Aqueça um forno holandês grande ou uma panela Gumbo de fundo pesado em fogo alto por 1 minuto. Acrescente o azeite com cuidado e depois acrescente a farinha. Reduza o fogo para médio-alto e mexa a farinha constantemente, raspando cada pedacinho do fundo da panela, até que o roux esteja uniformemente dourado e a cor da manteiga de amendoim escura, cerca de 15 minutos. Se a farinha começar a corar muito rápido, reduza o fogo para médio. É importante observar o roux e cozinhar com cuidado para evitar queimá-lo. Quando atingir a cor desejada, adicione a cebola, o aipo, o pimentão, o alho, a essência, o sal, a pimenta, a pimenta caiena, o louro, o tomilho, o orégano e a linguiça. Continue cozinhando por mais 5 a 7 minutos, ou até que os legumes estejam macios.

Adicione os caranguejos e o caldo ao forno holandês e deixe ferver. Reduza o fogo para uma fervura constante e cozinhe até que os sabores se unam e o molho fique aveludado e suave, cerca de 2 horas, adicionando mais caldo ou água se o gumbo ficar muito espesso durante o cozimento. A espessura de um gumbo é uma questão de gosto pessoal. Algumas pessoas gostam de um gumbo muito grosso, enquanto outros preferem um gumbo fino e caldo. Adicione a quantidade de líquido de acordo com sua preferência.

Quando o gumbo estiver saboroso e na espessura certa, misture os lagostins e os camarões e cozinhe apenas até que os camarões estejam cozidos, 2 a 3 minutos a mais. Junte a cebolinha verde e a salsinha. Prove e ajuste o tempero se necessário.

Sirva o gumbo sobre tigelas de arroz cozido no vapor com salsa picada adicional e cebolinha, conforme desejado.

12. Frango, Camarão e Tasso Gumbo

FAZ 6-8 PORÇÕES

INGREDIENTES

4 coxas de frango desossadas, cortadas em pedaços de 2 polegadas com a pele

2 colheres de chá de sal kosher

1/2 colher de chá de páprica

1/2 colher de chá de pimenta preta moída na hora

1 1/2 xícaras de óleo vegetal

2 1/4 xícaras de farinha de trigo, dividida

1 libra de tasso em cubos

1 cebola média, em cubos pequenos

2 pimentas poblano, em cubos pequenos

1 jalapeño pequeno, em cubos pequenos

3 talos de aipo, picados

4 dentes de alho, picados

2-3 colheres de chá de sal kosher (adicione 2, prove e adicione o outro, se necessário)

1 1/2 colheres de chá de pimenta preta moída na hora

1 colher de chá de pimenta caiena

1 colher de chá de páprica

1 colher de chá de tomilho seco

1 colher de chá de filé em pó

6 folhas de louro

1 litro de caldo de galinha (ou meio caldo de camarão e meio caldo de galinha)

1 quilo de camarão da Louisiana descascado

Tempere o frango com sal, páprica e pimenta.

INSTRUÇÕES

Aqueça o óleo em uma panela de fundo grosso de 2 galões em fogo médio-alto; o óleo deve chiar suavemente quando estiver pronto.

Cubra o frango com 1/2 xícara de farinha e frite em ambos os lados no óleo até dourar, depois retire para uma toalha de papel. Não precisa ser cozido neste momento. Adicione o excesso de farinha do tempero do frango à farinha restante e adicione-a ao óleo. Mexa em fogo médio por cerca de 40 minutos, ou até que o roux fique marrom avermelhado profundo, mas não muito escuro.

Depois que o roux atingir a cor certa, adicione o tasso, os legumes e todos os temperos (reservando um pouco de sal, pois alguns tasso são mais picantes que outros) e cozinhe por cerca de 4 minutos.

Misture o caldo e leve para ferver, certificando-se de mexer o fundo da panela enquanto o gumbo ferve para não grudar. Cozinhe por cerca de 30 minutos enquanto retira toda a gordura que sobe à superfície.

Adicione o frango cozido e o camarão neste ponto e cozinhe por mais 45 minutos, ainda removendo qualquer gordura que flutue para o topo.

Sirva imediatamente ou no dia seguinte com um pouco de arroz cozido no vapor e uma salada cremosa de batata. O Chef Link diz: "Gosto de mergulhar minha salada de batata no gumbo".

13. Gumbo crioulo

FAZ 8-10 PORÇÕES

INGREDIENTES

1/2 libra de chaurice, cortada em pedaços pequenos

1/2 kg de salsicha defumada, cortada em pedaços pequenos

1/2 quilo de carne de vaca estufada

1/2 libra de moela de frango, picada

1 libra de caranguejos gumbo

1/2 xícara de óleo vegetal

1/2 xícara de farinha de trigo

2 cebolas grandes, picadas

3 litros de água, ou mais conforme desejado

8 asas de frango, cortadas nas juntas e as pontas descartadas

1/2 libra de presunto defumado, cortado em pedaços de 1,2 cm

1 colher de páprica

1 colher de chá de tomilho seco

1 colher de chá de sal

3 dentes de alho, picados

1 libra de camarão médio, descascado e limpo

2 dúzias de ostras descascadas com seu licor

1/4 xícara de salsa fresca picada

1 colher de sopa de filé em pó

Arroz branco de grão longo cozido, para servir

INSTRUÇÕES

Coloque as salsichas, carne, moela e caranguejos em uma panela grande e pesada. Tampe e cozinhe em fogo médio por 30 minutos, mexendo de vez em quando. Você não precisará de gordura extra, pois a carne renderá o suficiente para cozinhar.

Enquanto as carnes estão cozinhando, faça um roux: aqueça o óleo em uma frigideira, adicione a farinha e mexa constantemente em fogo médio até que o roux fique liso e marrom escuro. Adicione as cebolas e cozinhe em fogo baixo até ficarem macias. Esvazie o conteúdo da frigideira na panela que contém a carne, misturando bem. Junte a água aos poucos e leve ao fogo. Adicione as asas de frango, presunto, páprica, tomilho, sal e alho, mexa delicadamente e abaixe o fogo; tampe e cozinhe por 45 minutos. Se preferir um gumbo mais fino, adicione mais água agora.

Adicione o camarão e as ostras e cozinhe por mais alguns minutos – observe o camarão ficar rosa e as ostras enrolarem – mais do que isso, e eles ficarão duros. Retire a panela do fogo, misture a salsinha e o filé em pó e sirva em tigelas sobre o arroz quente.

14. Gumbo crioulo de frutos do mar

FAZ 6-8 PORÇÕES

INGREDIENTES

6 caranguejos azuis médios ou caranguejos gumbo congelados, descongelados

2 1/2 libras de camarão com casca com cabeça

2 dúzias de ostras descascadas de tamanho médio a grande com seu licor

1 xícara mais 1 colher de sopa de óleo de canola ou outro óleo vegetal, dividido

2 xícaras de quiabo fatiado, fresco ou congelado e descongelado

1 xícara de farinha de trigo

1 cebola grande, picada

1 maço de cebolinha verde, picada, partes brancas e verdes separadas

1 pimentão verde, picado

2 talos de aipo, picados

4 dentes de alho grandes, picados

2 tomates frescos grandes da estação, descascados e picados, ou 1 tomate em cubos enlatado com suco

3 folhas de louro

1 colher de chá de tempero italiano

Sal, pimenta-do-reino moída na hora e tempero crioulo a gosto

1/4 xícara de salsa de folha plana picada

Arroz branco de grão longo cozido, para servir

INSTRUÇÕES

Prepare os caranguejos conforme descrito em "Preparando Caranguejos", página 23.

Retire a cabeça, descasque e limpe o camarão, colocando as cabeças e as cascas em uma panela média. Adicione água suficiente para cobrir as conchas em pelo menos 2 polegadas e deixe ferver. Cubra, reduza o fogo para baixo e cozinhe por 30 minutos. Quando esfriar um pouco, coe o caldo em um copo medidor grande e descarte as cascas.

Coe as ostras e adicione o licor ao caldo de camarão. Adicione água suficiente para fazer 7 ou 8 xícaras de líquido neste momento (dependendo da espessura que você gosta de seu gumbo). Verifique as ostras para fragmentos de concha.

Aqueça 1 colher de sopa de óleo em uma frigideira larga (não antiaderente) e adicione o quiabo. Refogue em fogo médio, mexendo ocasionalmente, até que toda a viscosidade desapareça, cerca de 15 minutos. Retire do fogo.

Aqueça o óleo restante em uma panela grande e pesada em fogo alto; adicione a farinha e mexa constantemente até que o roux comece a dourar. Reduza o fogo para médio ou médio-baixo e cozinhe, mexendo sempre, até que o roux fique da cor do chocolate amargo.

Adicione a cebola, as partes brancas da cebolinha, o pimentão e o aipo e cozinhe, mexendo, até ficar translúcido. Adicione o alho e cozinhe mais um minuto. Adicione os tomates e o licor de ostras, o caldo de camarão e a combinação de água até obter uma consistência levemente espessa e suave.

Adicione o quiabo, os caranguejos, as folhas de louro e o tempero italiano e tempere com sal, pimenta e tempero crioulo; tampe e cozinhe por 40 minutos.

Junte os camarões e deixe cozinhar por mais 5 minutos. Adicione as ostras e cozinhe até que enrolem, cerca de 3 minutos.

Desligue o fogo, retire as folhas de louro e misture a maior parte das cebolinhas e a salsinha, deixando algumas para guarnecer. Sirva em tigelas sobre o arroz. Adicione pedaços de caranguejo a cada tigela e decore com cebola e salsa. Ofereça biscoitos de caranguejo ou nozes para as pernas.

15. Gumbo de frango e andouille

FAZ 6-8 PORÇÕES

INGREDIENTES

2 libras de coxas de frango desossadas, cortadas em pedaços pequenos, ou 1 frango inteiro, cortado em pedaços

1 libra de salsicha andouille, cortada em pedaços pequenos

2 colheres de sopa mais 1/2 xícara de óleo vegetal, dividido

3/4 xícara de farinha de trigo

1 cebola grande, picada

1 maço de cebolinha verde, picada, partes brancas e verdes separadas

1 pimentão verde, picado

2 talos de aipo, picados

4 dentes de alho, picados

6 xícaras de caldo de galinha

2 folhas de louro

1 colher de chá de tempero crioulo

Sal e pimenta-do-reino preta moída na hora a gosto

1/3 xícara de salsa lisa picada

Arroz branco de grão longo cozido, para servir

Em uma panela grande e pesada, doure o frango e o andouille em 2 colheres de sopa de óleo. Retire a carne da panela e reserve.

Adicione o óleo restante e a farinha à panela e mexa constantemente em fogo alto até que o roux comece a dourar. Reduza o fogo para médio ou médio-baixo e cozinhe, mexendo sempre, até que o roux fique da cor do chocolate amargo.

Adicione a cebola, a parte branca da cebolinha, o pimentão, o aipo e o alho e refogue em fogo baixo por cerca de 5 minutos. Aos poucos, misture o caldo de galinha. Adicione as folhas de louro e o tempero crioulo e tempere com sal e pimenta; cubra e cozinhe por cerca de 45 minutos a 1 hora.

Adicione os topos de cebola verde e salsa e retire as folhas de louro. Sirva em tigelas sobre o arroz com molho picante e pão francês quente.

16. Gumbo de camarão e quiabo

RENDE 8 PORÇÕES

INGREDIENTES

3 libras de camarão pequeno a médio com casca com cabeça ou 1 1/2 libras de camarão congelado descascado e limpo, descongelado

1 libra de quiabo fresco, cortado em pedaços de 1/4 de polegada, ou quiabo congelado, descongelado

1 colher de sopa mais 1/2 xícara de óleo vegetal, dividido

1/2 xícara de farinha de trigo

1 cebola grande, picada

1 maço de cebolinha verde, picada, partes brancas e verdes separadas

1 pimentão verde, picado

2 talos de aipo, picados

3 dentes de alho grandes, picados

1 (14,5 onças) lata de tomate em cubos

2 litros de caldo de camarão ou água

1 1/2 colheres de chá de tempero crioulo

2 folhas de louro

1/2 colher de chá de tomilho seco

1/4 xícara de salsa de folha plana picada

Arroz branco de grão longo cozido, para servir

pão francês

Se estiver usando camarão fresco, retire a cabeça, descasque e limpe-os, colocando as cascas e as cabeças em uma panela média. Adicione água suficiente para cobrir as conchas em pelo menos 2 polegadas e deixe ferver. Cubra, reduza o fogo para baixo e cozinhe por 30 minutos. Quando esfriar um pouco, coe o caldo em um copo medidor grande e descarte as cascas.

Se estiver usando quiabo fresco, aqueça 1 colher de sopa de óleo em uma frigideira média a grande. Em fogo médio, cozinhe o quiabo, mexendo de vez em quando, até que o líquido pegajoso desapareça. Deixou de lado.

Aqueça o óleo restante em uma panela grande e pesada em fogo alto. Adicione a farinha e mexa constantemente até que o roux comece a dourar. Reduza o fogo para médio e cozinhe, mexendo sempre, até que o roux fique da cor do chocolate ao leite. Adicione as cebolas e as partes brancas das cebolinhas e cozinhe, mexendo, até as cebolas começarem a caramelizar. Adicione o pimentão e o aipo e cozinhe até murchar. Adicione o alho e cozinhe mais um minuto.

Adicione os tomates e vá adicionando o caldo ou a água aos poucos. Adicione todos os temperos, exceto a salsa, reduza o fogo para baixo, tampe e cozinhe por 30 minutos. Adicione o camarão e cozinhe até que o camarão fique rosado, cerca de 10 minutos. Retire do fogo e adicione os topos de cebola verde e salsa e retire as folhas de louro.

Sirva em tigelas sobre arroz quente com pão francês quente.

17. Super Gumbo

FAZ 10-12 PORÇÕES

INGREDIENTES

2 quilos de camarão com casca com cabeça

1 libra de caranguejos gumbo frescos ou congelados, descongelados se congelados

6 pedaços de frango (como pernas e coxas)

Sal, pimenta e tempero crioulo a gosto

1 libra de quiabo fresco, cortado em pedaços, ou quiabo congelado, descongelado

1 colher de sopa mais 1 xícara de óleo vegetal, dividido

1 xícara de farinha de trigo

1 cebola grande, picada

1 maço de cebolinha verde, picada, partes brancas e verdes separadas

1 pimentão verde, picado

2 talos de aipo, picados

4 dentes de alho, picados

1/2 libra de andouille ou outra salsicha defumada, cortada em quartos no sentido do comprimento e cortada em fatias de 1/4 de polegada de espessura

2 tomates frescos, em cubos, ou 1 lata de tomate em cubos

2 colheres de pasta de tomate

9 xícaras de frutos do mar ou caldo de galinha, ou uma combinação dos dois

3 folhas de louro

1/2 colher de chá de tempero crioulo

1 colher de chá de sal

Várias voltas em um moinho de pimenta preta

2 colheres de sopa de salsa picada

Arroz branco de grão longo cozido, para servir

Retire a cabeça, descasque e limpe o camarão, colocando as cabeças e as cascas em uma panela média. Adicione água suficiente para cobrir as conchas em pelo menos 2 polegadas e deixe ferver. Cubra, reduza o fogo e cozinhe por 30 minutos. Quando esfriar um pouco, coe o caldo em um copo medidor grande e descarte as cascas.

Remova qualquer coisa além das cascas que contêm a carne de caranguejo dos caranguejos, deixando as pernas e a gordura amarela e laranja no lugar. Se alguma parte da casca precisar de limpeza, faça-a com uma esponja.

Lave e seque os pedaços de frango e polvilhe generosamente com sal, pimenta e tempero crioulo.

Em uma frigideira média, aqueça 1 colher de óleo vegetal; adicione o quiabo e cozinhe em fogo alto, mexendo sempre, até começar a dourar levemente. Reduza o fogo para médio e continue cozinhando até que o líquido pegajoso desapareça.

Em uma panela grande e pesada, aqueça 2 colheres de sopa do óleo restante e doure os pedaços de frango de todos os lados. Retire o frango e reserve.

Adicione o óleo restante e a farinha à panela e mexa em fogo alto até que o roux fique marrom claro. Reduza o fogo para médio e cozinhe, mexendo sempre, até que o roux fique marrom escuro (a cor da manteiga de amendoim ou um pouco mais escura). Tenha cuidado para não queimá-lo.

Adicione a cebola, as partes brancas da cebolinha, o pimentão e o aipo e cozinhe, mexendo, até ficar translúcido. Adicione o alho e cozinhe mais um minuto. Adicione a salsicha, os tomates e a pasta de tomate e cozinhe por mais 5 minutos. Aos poucos, misture o caldo.

Adicione todos os temperos, exceto a salsinha. Deixe ferver, em seguida, reduza o fogo para ferver. Cubra e cozinhe por cerca de 1 hora e 20 minutos, mexendo ocasionalmente e retirando a gordura da superfície. Adicione os camarões, a salsa e as cebolas verdes, aumente o fogo e cozinhe por alguns minutos até que os camarões fiquem rosados. Prove para ajustar os temperos e retire as folhas de louro.

Sirva em tigelas sobre o arroz cozido.

18. Cajun Hen Gumbo

FAZ 6-8 PORÇÕES

INGREDIENTES

1 (5 a 6 libras) galinha

Sal, pimenta preta moída na hora e pimenta caiena a gosto

3/4 xícara de óleo vegetal, dividido

1/2 libra de salsicha andouille, cortada em pedaços de 1,2 cm

tasso de 1/2 libra, cortado em pedaços de 1,2 cm

3/4 xícara de farinha de trigo

2 cebolas médias, picadas

6 cebolinhas verdes, picadas, partes brancas e verdes separadas

1 pimentão verde, picado

3 talos de aipo, picados

1 colher de alho picado

6 1/2 xícaras de caldo de galinha ou água, ou uma combinação dos dois

3 folhas de louro

Tempero crioulo a gosto

3 colheres de sopa de salsa picada

Arroz branco de grão longo cozido, para servir

Corte a galinha em pedaços como cortaria um frango. Como o peito é grande, corte-o em 3 pedaços. Use a espinha dorsal e quaisquer miúdos, exceto o fígado. Lave, seque e polvilhe generosamente em todos os lados com sal e pimenta.

Usando uma panela muito grande e pesada, aqueça 1/4 xícara de óleo e doure bem a galinha de todos os lados. Retire a galinha da panela e reserve.

Adicione o óleo restante e a farinha à panela e mexa constantemente em fogo alto até que o roux fique marrom claro. Reduza o fogo para médio e cozinhe, mexendo sempre, até que o roux fique marrom escuro (a cor do chocolate ao leite ou um pouco mais escuro).

Reduza o aquecimento para baixo; adicione a cebola, a parte branca da cebolinha, o pimentão, o aipo e o alho e refogue até ficar translúcido. Aos poucos, misture o caldo e/ou a água. Adicione as folhas de louro e tempere com tempero crioulo, tampe e cozinhe por 3 horas, mexendo ocasionalmente. Enquanto o gumbo cozinha, retire a gordura da superfície. Você pode desnatar até 1 xícara de gordura.

Quando o gumbo estiver cozido e a galinha estiver macia, retire as folhas de louro e misture as folhas de cebolinha verde e salsa. Sirva em tigelas sobre o arroz.

19. Gumbo de codorna

RENDE 8 PORÇÕES

INGREDIENTES

8 codornas frescas ou congeladas, descongeladas

Sal e pimenta-do-reino preta moída na hora a gosto

1 libra de boudin ou cerca de 4 xícaras de jambalaya caseira (ou use uma mistura rápida como Zatarain ou Oak Grove)

3/4 xícara de óleo vegetal

3/4 xícara de farinha de trigo

1 cebola grande, picada

3 cebolinhas verdes, picadas, partes brancas e verdes separadas

1 pimentão verde, picado

4 dentes de alho grandes, picados

1/4 libra tasso ou andouille (ou outro defumado), cortado em pedaços pequenos

2 colheres de pasta de tomate

6 xícaras de caldo de galinha caseiro ou enlatado

1 colher de chá de tomilho seco

3 folhas de louro

1/2 colher de chá de tempero crioulo

1/2 colher de chá de sal de aipo

3 colheres de sopa de salsa picada

Lave a codorna e remova as penas restantes. Seque bem e tempere com sal e pimenta por dentro e por fora. Se estiver usando boudin, remova-o das tripas. Recheie cada codorna com cerca de 4 colheres de sopa de boudin ou jambalaya e amarre cada codorna de trás para frente, cruzando as pernas para segurar o recheio.

Em uma panela larga e pesada, aqueça 3 colheres de sopa de óleo e doure as codornas cuidadosamente de todos os lados, mexendo-as para evitar que a pele grude. Retire a codorna da panela e reserve.

Adicione o óleo restante e a farinha à panela e mexa constantemente em fogo médio-alto até que o roux comece a dourar. Reduza o fogo para médio e cozinhe, mexendo sempre, até que o roux fique da cor da manteiga de amendoim.

Reduza o fogo para baixo e adicione as cebolas e as partes brancas das cebolinhas, caramelizando-as por cerca de 5 minutos. Adicione o pimentão e cozinhe até murchar. Adicione o alho e cozinhe mais 1 minuto. Adicione a pasta de tomate e o tasso e cozinhe mais alguns minutos. Aos poucos, misture o caldo, seguido de todos os temperos, exceto os topos de cebola verde e salsa. Deixe ferver e, em seguida, reduza o fogo para médio-baixo.

Retorne as codornas para a panela, tampe e cozinhe por 30 minutos. Quando terminar, adicione os topos de cebola verde e retire as folhas de louro.

Para servir, coloque 1 codorna em cada tigela de gumbo e polvilhe com salsa.

20. Gumbo z'Herbes

RENDE 8 PORÇÕES

INGREDIENTES

1 osso de presunto pequeno ou cubos de presunto defumado de 1/2 libra

1 litro de ostras descascadas com seu licor

1/2 xícara de óleo vegetal

1/2 xícara de farinha de trigo

1 cebola grande, picada

3 cebolinhas verdes, picadas

3 talos de aipo, picados

3 dentes de alho, picados

1/2 colher de chá de tempero crioulo

3 folhas de louro

1/2 colher de chá de tomilho seco

1 colher de açúcar

2 xícaras de folhas de mostarda limpas e picadas grosseiramente

2 xícaras de nabo limpo e picado grosseiramente

4 xícaras de couve limpa e picada grosseiramente

4 xícaras de espinafre

1 maço de salsa lisa

1/2 repolho pequeno, picado ou picado

2 xícaras de endívias, em pedaços

Sal e pimenta-do-reino preta moída na hora a gosto

Arroz branco de grão longo cozido, para servir

Se estiver usando um osso de presunto, cozinhe-o em uma panela grande em 2 litros de água, coberto, por 2 horas ou até que a carne esteja prestes a cair do osso. Quando esfriar o suficiente para manusear, retire a carne do osso e reserve. Descarte o osso e guarde o caldo (você precisará de cerca de 7 xícaras).

Coe as ostras, reservando o licor, e verifique se há fragmentos de conchas. Você deve ter cerca de 1/2 xícara de licor.

Em uma panela muito grande e pesada, misture o óleo e a farinha e mexa em fogo alto até que o roux comece a dourar. Reduza o fogo para médio e cozinhe, mexendo sempre, até que o roux fique da cor de chocolate ao leite. Adicione imediatamente a cebola e cozinhe até caramelizar. Adicione o aipo e o alho e cozinhe por mais um minuto.

Junte o caldo de presunto reservado, o licor de ostra (cerca de 1/2 xícara), o tempero crioulo, as folhas de louro, o tomilho, o açúcar, o presunto reservado ou cubos de presunto e as verduras e tempere com sal e pimenta. Cozinhe, tampado, por cerca de 1 hora. Adicione as ostras e cozinhe até que enrolem, cerca de 1 minuto. Prove e ajuste os temperos. Desligue o fogo e retire as folhas de louro.

Sirva em tigelas de Gumbo sobre o arroz.

21. Filé Gumbo

FAZ 6-8 PORÇÕES

INGREDIENTES

2 quilos de camarão com casca com cabeça

1/2 xícara de óleo vegetal ou pingos de bacon

1/2 xícara de farinha de trigo

1 cebola, picada

1 pimentão verde, picado

3 dentes de alho, picados

2 colheres de pasta de tomate

2 folhas de louro

1/2 colher de chá de sal, ou a gosto

1/2 colher de chá de pimenta preta moída na hora, ou a gosto

1/2 colher de chá de pimenta caiena, ou a gosto

2 colheres de sopa de filé em pó

1 libra de carne de caranguejo em pedaços grandes

Arroz branco de grão longo cozido, para servir

Retire a cabeça, descasque e limpe o camarão, colocando as cabeças e as cascas em uma panela média. Adicione água suficiente para cobrir as conchas em pelo menos 2 polegadas e deixe ferver. Cubra, reduza o fogo e cozinhe por 30 minutos. Quando esfriar um pouco, coe o caldo em um copo medidor grande e descarte as cascas. Se necessário, adicione água suficiente ao caldo para fazer 5 xícaras de líquido. Deixou de lado.

Em uma panela grande e pesada, misture o óleo e a farinha. Mexa constantemente em fogo alto até que a farinha comece a dourar. Reduza o fogo para médio e mexa constantemente até que o roux fique marrom escuro.

Adicione a cebola e o pimentão e cozinhe até murchar. Adicione o alho e cozinhe mais um minuto. Junte o extrato de tomate e cozinhe por 5 minutos, mexendo de vez em quando. Aos poucos, misture o caldo de camarão. Adicione todos os temperos, exceto o filé, tampe e cozinhe em fogo baixo por 30 minutos.

Adicione os camarões e continue cozinhando por 3 minutos se os camarões forem pequenos ou 7 minutos se forem grandes. Desligue o fogo. Se for servir todo o gumbo imediatamente, adicione o filé e misture bem. (Se não, reserve o filé para adicionar a tigelas individuais.) Misture delicadamente a carne de caranguejo.

Sirva em tigelas sobre o arroz quente. Se você não adicionou o filé, adicione 1/2–3/4 colher de chá em cada tigela, dependendo do tamanho das tigelas.

22. Gumbo de peixe-gato

FAZ 6-8 PORÇÕES

INGREDIENTES

3 libras de nuggets de peixe-gato, divididos

1/2 xícara de canola ou outro óleo vegetal

1/2 xícara de farinha de trigo

1 cebola grande, picada, cascas e guarnições reservadas

1 pimentão verde, picado, sementes e guarnições reservadas

2 talos de aipo, picados

6 cebolinhas verdes, picadas, partes brancas e verdes separadas

3 dentes de alho grandes, picados

1 lata de tomate Ro-tel original com pimenta

2 xícaras de tomates em cubos frescos ou enlatados picados

3 xícaras de estoque

1/2 xícara de vinho branco

3 folhas de louro

1/2 colher de chá de tomilho seco

1 colher de chá de suco de limão fresco

1/2 colher de chá de molho inglês

1 1/2 colheres de chá de tempero crioulo

Sal e pimenta-do-reino moída na hora a gosto

2 colheres de sopa de salsa picada

Arroz branco de grão longo cozido, para servir

Corte 2 quilos de nuggets de bagre em cubos de 1 polegada e reserve. Coloque os nuggets restantes em uma panela pequena com 4 xícaras de água e as guarnições dos legumes para fazer o caldo. Cubra e cozinhe por 45 minutos. Coe o caldo em um copo medidor grande e descarte os sólidos.

Aqueça o óleo em uma panela grande e pesada. Adicione a farinha e mexa constantemente em fogo médio para fazer um roux médio-escuro da cor da manteiga de amendoim. Adicione a cebola, as partes brancas da cebolinha, o pimentão e o aipo e cozinhe até murchar. Adicione o alho e cozinhe mais 1 minuto.

Adicione os tomates, 3 xícaras do caldo, o vinho, as folhas de louro, o tomilho, o suco de limão, o molho inglês e o tempero crioulo e tempere com sal e pimenta. Leve para ferver. Reduza o fogo, tampe e cozinhe por 30 minutos, mexendo de vez em quando.

Adicione o peixe-gato em cubos e deixe ferver. Reduza o fogo e cozinhe até que o peixe esteja cozido, cerca de 5 minutos.

Retire as folhas de louro e adicione a salsa e a cebolinha verde. Cubra e deixe o gumbo descansar por uma hora ou mais.

Reaqueça o gumbo e sirva em tigelas sobre o arroz.

23. Gumbo de repolho

FAZ 4-6 PORÇÕES

INGREDIENTES

1 repolho grande (cerca de 3 libras)

4 fatias grossas de bacon

1/4 xícara de óleo vegetal (mais ou menos conforme necessário)

1/2 xícara de farinha de trigo

1 cebola, picada

1 pimentão verde, picado

2 talos de aipo, picados

3 dentes de alho grandes, picados

Sal e pimenta-do-reino preta moída na hora a gosto

1 colher de chá de açúcar

3 folhas de louro

1 colher de chá de tempero crioulo

8 xícaras de água

1 lata (10 onças) de tomates Ro-tel originais com pimentões verdes

2 jarretes pequenos de presunto defumado

Arroz branco de grão longo cozido, para servir

Corte o repolho em pedaços pequenos; lave, escorra e reserve.

Em uma panela grande e pesada, cozinhe o bacon até ficar crocante. Retire o bacon da panela e reserve. Despeje cuidadosamente a gordura do bacon em um copo medidor grande e adicione óleo suficiente para fazer 1/2 xícara. Retorne a gordura para a panela e adicione a farinha; mexa constantemente em fogo médio para fazer um roux marrom claro ou cor de caramelo.

Adicione a cebola, o pimentão e o aipo e refogue até murchar. Adicione o alho e refogue mais um minuto. Misture os ingredientes restantes e o repolho e deixe ferver. Reduza o fogo, tampe e cozinhe por 1 hora, mexendo ocasionalmente.

Sirva em tigelas sobre o arroz e cubra com o bacon reservado esfarelado. Sirva o molho quente ao lado.

24. Gumbo de peru

FAZ 6-8 PORÇÕES

INGREDIENTES

1 ou mais carcaças de peru e sobras de peru

1/2 xícara de óleo vegetal

1/2 xícara de farinha de trigo

1 cebola, picada

1 maço de cebolinha verde, picada

3 talos de aipo, picados

3 dentes de alho, picados

Sobras de molho de peru (opcional)

2 folhas de louro

1/2 colher de chá de tomilho seco

Sal, tempero crioulo e pimenta preta moída na hora a gosto

1/2 libra de linguiça andouille (ou outra defumada), cortada em pedaços pequenos

1 litro de ostras descascadas (opcional)

3 colheres de sopa de salsa picada

Arroz branco de grão longo cozido, para servir

Remova qualquer carne da carcaça do peru. Corte em pedaços, juntamente com o peru restante. Deixou de lado.

Coloque os ossos de peru em uma panela, cubra com água e deixe ferver. Reduza o fogo para baixo, tampe e cozinhe por 1 hora. Quando esfriar o suficiente para manusear, coe o caldo em um copo medidor grande e descarte os ossos. Se estiver usando ostras, coe o licor de ostras no caldo. Se necessário, adicione água para fazer pelo menos 8 xícaras de líquido. Deixou de lado.

Em uma panela grande e pesada, aqueça o óleo em fogo médio-alto. Adicione a farinha e mexa constantemente até que o roux comece a dourar. Reduza o fogo para médio e cozinhe, mexendo sempre, até que o roux fique da cor de manteiga de amendoim.

Adicione a cebola e o aipo e cozinhe em fogo baixo até ficar translúcido. Adicione o alho e cozinhe mais um minuto. Adicione 8 xícaras do caldo (ou mais, se preferir um gumbo mais fino; se sobrar molho de peru, adicione-o neste momento).

Adicione todos os temperos (exceto a salsinha) e a linguiça; tampe e cozinhe por 30 minutos. Adicione a carne de peru e as ostras, se estiver usando, e cozinhe até as ostras enrolarem, 1-2 minutos. Retire as folhas de louro e ajuste os temperos. Adicione a salsa e sirva em tigelas sobre o arroz.

25. Gumbo sem Roux

FAZ 6-8 PORÇÕES

INGREDIENTES

2 libras de camarão médio com casca com cabeça ou 1 libra de camarão congelado descascado e limpo, descongelado

3 xícaras de quiabo fresco fatiado ou 3 xícaras de quiabo cortado congelado, descongelado

1 libra de coxas de frango desossadas, cortadas em pedaços de 1 polegada

Tempero crioulo para polvilhar frango mais 1/2 colher de chá

1 colher de chá mais 3 colheres de sopa de óleo vegetal

1 cebola grande, picada

1 pimentão verde, picado

1 maço de cebolinha, picada, partes verdes e brancas separadas

2 talos de aipo, picados

3 dentes de alho, picados

1 (15 onças) lata de tomate esmagado

4 xícaras de caldo de camarão e/ou frango

1/2 colher de chá de sal

10 grinds em um moinho de pimenta preta

1 colher de chá de sal de aipo

1 colher de sopa rasa de salsinha picada

1 colher de sopa de filé em pó

Arroz branco de grão longo cozido, para servir

Se estiver usando camarão fresco, retire as cabeças e as cascas e limpe o camarão. Coloque as cascas e as cabeças em uma panela média, adicione água suficiente para cobrir as cascas em pelo menos 2 polegadas e deixe ferver. Cubra, reduza o fogo para baixo e cozinhe por 30 minutos. Quando esfriar um pouco, coe o caldo em um copo medidor grande e descarte as cascas. Você vai precisar de 4 xícaras de estoque. Reserve o restante para uso posterior.

Aqueça 1 colher de chá de óleo em uma frigideira em fogo médio e adicione o quiabo. Cozinhe, virando com frequência, até que toda a viscosidade seja removida do quiabo. Deixou de lado.

Polvilhe o frango de todos os lados com tempero crioulo. Aqueça o óleo restante em uma panela grande e pesada e, em 2 vezes, doure os pedaços de frango de todos os lados. Retire o frango para um prato.

Adicione a cebola, as partes brancas da cebolinha, o pimentão e o aipo à panela e refogue até ficar translúcido. Adicione o alho e refogue mais um minuto.

Retorne o frango para a panela e adicione o quiabo, tomate, caldo, tempero crioulo restante, sal, pimenta e sal de aipo. Cubra e cozinhe por 30 minutos.

Adicione o camarão, as cebolas verdes e a salsa e cozinhe por mais 5 a 10 minutos, ou até que os camarões fiquem rosados. Adicione o filé à panela se pretende servir todo o gumbo. Sirva em tigelas sobre o arroz. Se você não adicionou o filé, adicione 1/2-3/4 colher de chá em cada tigela.

26. Pato e Andouille Gumbo

FAZ 6-8 PORÇÕES

INGREDIENTES

1 (6 libras) patinho

2 cebolas, 1 em quatro e a outra picada

4 talos de aipo, 2 cortados em pedaços e os outros 2 picados

4 folhas de louro, divididas

Pimenta preta moída na hora, a gosto

1 libra de salsicha andouille, cortada em pedaços pequenos

3/4 xícara de óleo vegetal

1 xícara de farinha de trigo

1 maço de cebolinha verde, picada, partes brancas e verdes separadas

1 pimentão verde, picado

4 dentes de alho, picados

1/2 colher de chá de tomilho seco

1/2 colher de chá de tempero crioulo

1/4 colher de chá de pimenta caiena

1 colher de sopa de molho inglês

Sal, a gosto

1/2 xícara de salsa lisa picada

Arroz branco de grão longo cozido, para servir

Lave o pato e retire o excesso de gordura. Coloque o pato em uma panela grande e cubra com água. Adicione a cebola cortada em quatro, os pedaços de aipo, 2 folhas de louro e vários grãos em um moinho de pimenta. Leve para ferver. Reduza o fogo para baixo e cozinhe até que o pato esteja cozido, cerca de 45 minutos. Retire o pato dessa panela e deixe descansar até esfriar o suficiente para manusear. Desosse o pato e corte a carne em pedaços pequenos. Coloque a carne de lado.

Retorne os ossos para a panela e cozinhe por 1 hora. Coe o caldo para uma tigela grande e deixe esfriar. Leve à geladeira até que a gordura endureça e escorra e descarte a gordura.

Em uma frigideira grande, doure a linguiça em fogo médio-alto. Deixou de lado.

Aqueça o óleo em uma panela grande e pesada em fogo alto; adicione a farinha e mexa constantemente até que o roux comece a dourar. Reduza o fogo para médio ou médio-baixo e cozinhe, mexendo sempre, até que o roux fique da cor do chocolate amargo.

Adicione a cebola picada, as partes brancas da cebolinha, o aipo e o pimentão e cozinhe, mexendo, até murchar. Adicione o alho e cozinhe mais um minuto. Aos poucos, misture 6 xícaras do caldo.

(Se você tiver estoque extra, congele-o para outro uso.) Adicione as folhas de louro restantes e o tomilho, tempero crioulo, pimenta caiena e molho inglês e tempere com sal.

Adicione a salsicha e o pato e cozinhe, tampado, até o pato ficar macio, cerca de 1 hora. Junte a salsa e a cebolinha verde.

Sirva em tigelas sobre o arroz com molho picante e pão francês quente ao lado.

27. Ganso Assado e Foie Gras Jambalaya

FAZ 4-6 PORÇÕES

INGREDIENTES

1 xícara de carne de ganso

6 onças de foie gras, picado

12 dentes de alho, descascados e picados

1 cebola, em cubos médios

2 pimentões verdes, em cubos médios

6 talos de aipo, em cubos médios

2 folhas de louro

1 colher de chá de pimenta caiena

4 colheres de sopa de sal kosher, ou a gosto

1/2 xícara de vinho tinto

2 xícaras de arroz

4 xícaras de caldo de galinha

1 colher de sopa de sálvia fresca picada

1 colher de sopa de tomilho fresco picado

Cozinhe a carne de ganso em uma frigideira média em fogo alto, mexendo, até dourar. Reduza o fogo para baixo, adicione uma pequena quantidade de água, tampe bem e cozinhe até que a carne esteja macia, cerca de 1 a 2 horas.

Coloque uma assadeira de fundo grosso em fogo médio-alto. Adicione o foie gras à panela e agite para derreter por 5 segundos. Adicione o alho, a cebola, o pimentão, o aipo, as folhas de louro, a pimenta caiena e o sal. Agite uniformemente com uma colher de pau por 3 a 5 minutos ou até que a cebola esteja translúcida e os legumes estejam macios e começando a dourar.

Adicione o vinho e mexa constantemente para deglacear a panela, permitindo que o líquido evapore completamente.

Adicione a carne, o arroz e o caldo e leve a jambalaya para ferver. Reduza o fogo, tampe a panela e cozinhe por 10 minutos. Desligue o fogo, mantenha a panela tampada e continue a cozinhar no vapor até que o arroz esteja totalmente cozido. Solte o arroz com um garfo e adicione a sálvia e o tomilho.

28. Jambalaya Negra

FAZ 10-12 PORÇÕES

INGREDIENTES

1/4 xícara de óleo vegetal

1 libra de linguiça defumada da Louisiana, como andouille, chaurice ou cebola verde, cortada em rodelas de 1/4 de polegada de espessura

1 cebola grande, em cubos

3 talos de aipo, picados

2 pimentas poblano, cortadas em cubos

1/4 xícara de alho picado

1/2 libra de bunda de porco defumada (ver Nota)

1/2 libra de coxas de frango defumadas (ver Nota)

1 (12 onças) lata de ervilhas de olhos pretos

4 xícaras de caldo, de preferência de porco (ver Nota)

2 colheres de sopa de orégano fresco picado

2 colheres de sopa de salsa picada

2 colheres de sopa de tomilho fresco picado

1 colher de sopa de sal kosher

1 colher de chá de pimenta preta moída na hora

1 colher de chá de pimenta caiena

2 xícaras de arroz de grão longo do tio Ben

Em uma panela grande e pesada, de preferência de ferro fundido preto, aqueça o óleo em fogo médio. Adicione a linguiça e cozinhe até ela enrolar. Adicione a cebola, o aipo, o pimentão e o alho e refogue até ficar translúcido. Adicione a carne de porco e cozinhe por 5 minutos, mexendo sempre. Adicione o frango e cozinhe mais 5 minutos. Adicione o feijão frade e cozinhe por mais 5 minutos.

Adicione o caldo e leve para ferver. Adicione as ervas e temperos e depois o arroz e deixe ferver. Cubra e cozinhe em fogo baixo até que o arroz esteja pronto, cerca de 30 minutos.

NOTA * Se você não quiser defumar a carne de porco ou frango, você pode refogar. Para refogar a carne de porco, esfregue-a com sal e pimenta e doure-a de todos os lados em uma frigideira de ferro preta, depois cozinhe-a em água no fogão ou no forno até que a carne se solte do osso. Você pode então usar o líquido para refogar o caldo. Para preparar o frango, esfregue-o com sal e pimenta e doure-o de todos os lados em alta temperatura até que caramelize e esteja 75% cozido antes de adicioná-lo em pedaços pequenos à jambalaya.

29. Jambalaya de frango, camarão e linguiça

FAZ 6-8 PORÇÕES

INGREDIENTES

1 frango, cortado em 10 pedaços, dividindo o peito em quatro
Sal, pimenta-do-reino moída na hora e tempero crioulo a gosto

1/4 xícara de óleo vegetal

1 libra de linguiça defumada, de preferência carne de porco, cortada em rodelas de 1/4 de polegada de espessura

1 cebola grande, picada

6 cebolinhas verdes, picadas, partes verdes e brancas separadas

1 pimentão verde, picado

2 talos de aipo, picados

4 dentes de alho, picados

3 xícaras de água, ou mais conforme necessário

1/2 colher de chá de sal

1/2 colher de chá de pimenta preta moída na hora

1 colher de sopa de tempero crioulo

1 1/2 xícaras de arroz branco de grãos longos

2 libras de camarão, descascado e limpo, ou 1 libra de camarão médio descascado e limpo, descongelado

1/3 xícara de salsa italiana picada

Lave os pedaços de frango e seque. Tempere todos os lados com sal, pimenta preta moída na hora e tempero crioulo. Aqueça o óleo em uma panela grande e pesada. Quando estiver quente, doure o frango de todos os lados e retire para papel toalha. Doure a salsicha e retire da panela.

Se necessário, adicione óleo extra suficiente para cobrir o fundo da panela. Adicione a cebola, as partes brancas da cebolinha, o pimentão e o aipo e refogue até ficar transparente. Adicione o alho e refogue mais um minuto. Adicione a água e os temperos e deixe ferver em fogo alto. Adicione o arroz, tampe e reduza o fogo para baixo. Ferva por 20 minutos. Misture delicadamente o camarão (neste ponto, ainda deve haver algum líquido no fundo da panela. Se não, adicione 1/4 de xícara de água para a umidade enquanto o camarão cozinha), a cebola verde e a salsa e deixe ferver mais 10 minutos, ou até que a água seja absorvida. Mexa delicadamente para não quebrar os ingredientes.

Sirva quente com pão francês quente e salada e molho picante da Louisiana ao lado.

30. Jambalaya de lagosta e linguiça

FAZ 8-10 PORÇÕES

INGREDIENTES

3 colheres de óleo vegetal

1 cebola média, picada

1 maço de cebolinha verde, picada, partes brancas e verdes separadas

1 pimentão verde, picado

2 talos de aipo, picados

3 dentes de alho, picados

1 libra de salsicha defumada, cortada em rodelas de 1/4 de polegada de espessura

1 (14,5 onças) lata de tomate em cubos

1 colher de pasta de tomate

3 xícaras de caldo de frutos do mar, de preferência, ou caldo de galinha ou água

1/2 colher de chá de tomilho seco

1/4 colher de chá de tempero crioulo

1/2 colher de chá de sal

1/2 colher de chá de pimenta preta moída na hora

1 colher de chá de molho inglês

1 1/2 xícaras de arroz

1 libra de caudas de lagosta da Louisiana com gordura

2 colheres de sopa de salsa picada

Aqueça o óleo em uma panela grande e pesada. Adicione a cebola, as partes brancas da cebolinha, o pimentão e o aipo e refogue até ficar transparente. Adicione o alho e a linguiça e refogue mais alguns minutos. Adicione os tomates, a pasta de tomate e o caldo e deixe ferver. Adicione os temperos, exceto a salsa, reduza o fogo para baixo, tampe e cozinhe por 5 minutos. Retorne ao fogo e acrescente o arroz. Reduza o fogo novamente e cozinhe, tampado, por 10 minutos. Adicione os lagostins e as cebolas verdes e cozinhe até que o líquido seja absorvido, cerca de mais 20 minutos. Retire do fogo e cubra com a salsinha.

31. Pastalaya

FAZ 6-8 PORÇÕES

INGREDIENTES

3 colheres de sopa de óleo vegetal, como canola

1/2 libra de salsicha defumada, cortada em rodelas de 1,2 cm de espessura

2 peitos de frango desossados e sem pele, cortados em cubos pequenos

1 cebola grande, picada

1/2 pimentão verde, picado

2 talos de aipo, picados

6 cebolinhas verdes, picadas

3 dentes de alho grandes, picados

1 (14,5 onças) lata de tomate em cubos

3 xícaras de caldo de galinha, caseiro ou enlatado

1/2 colher de chá de tomilho seco

1/2 colher de chá de tempero crioulo

Sal e pimenta-do-reino preta moída na hora a gosto

12 onças de espaguete ou outra massa

Aqueça o óleo bem quente em uma panela grande e pesada. Doure a linguiça dos dois lados em fogo alto e retire da panela. Doure os cubos de frango e retire da panela. Reduza o fogo para fogo médio e refogue a cebola, pimentão, aipo e cebolinha até murchar. Adicione o alho e refogue mais um minuto. Adicione os tomates e o caldo de galinha e devolva a linguiça e o frango à panela. Cozinhe, tampado, por 15 minutos.

Adicione o macarrão e misture no líquido. Cozinhe, tampado, em fogo médio-baixo, mexendo ocasionalmente, por mais 15 minutos, ou até que a massa esteja al dente e tenha absorvido a maior parte do líquido.

32. Fogão Lento Jambalaya

FAZ 6-8 PORÇÕES

INGREDIENTES

1 1/2 libras de coxas de frango desossadas, lavadas, cortadas do excesso de gordura e cortadas em cubos de 1 polegada

3 links de linguiça defumada Cajun (cerca de 14 onças no total), cortadas em rodelas de 1/4 de polegada de espessura

1 cebola média, picada

1 pimentão verde, picado

1 talo de aipo, picado

3 dentes de alho, picados

2 colheres de pasta de tomate

1 colher de chá de tempero crioulo

1 colher de chá de sal

1/2 colher de chá de pimenta preta moída na hora

1/2 colher de chá de molho Tabasco

1/2 colher de chá de molho inglês

2 xícaras de caldo de galinha

1 1/2 xícaras de arroz de grãos longos

2 libras de camarão médio, descascado e limpo (opcional)

Coloque todos os ingredientes (exceto o camarão, se estiver usando) em um fogão lento. Misture, tampe e cozinhe em fogo baixo por 5 horas.

Se estiver usando camarão, misture-os delicadamente após as 5 horas de cozimento e cozinhe em fogo alto por 30 minutos a mais 1 hora, ou até que o camarão esteja pronto, mas não cozido demais.

LAGNIAPPE

33. Bisque de Lagosta

RENDE 4 PORÇÕES

INGREDIENTES

3 colheres de sopa mais 1/2 xícara de óleo vegetal, dividido

2 libras de caudas de lagosta frescas, divididas, ou 2 pacotes congelados (1 libra), descongelados, divididos

1 cebola picada e dividida

1 maço de cebolinha verde picada e dividida

1 pimentão verde picado e dividido

3 dentes de alho picados e divididos

3/4 colher de chá de sal, dividido

3/4 colher de chá de pimenta preta moída na hora, dividida

3/4 colher de chá de tempero crioulo, dividido

2 xícaras de migalhas de pão, feitas em um processador de alimentos com pão francês amanhecido

1 ovo, batido

2/3 xícara mais 1/2 xícara de farinha de trigo, dividida

5 xícaras de caldo de frutos do mar ou água

2 colheres de pasta de tomate

Pimenta pimenta caiena, ou a gosto

2 xícaras de arroz branco de grão longo cozido

2 colheres de sopa de salsa picada

Aqueça o forno a 350°. Pulverize uma assadeira grande com spray de cozinha antiaderente e reserve.

Aqueça 3 colheres de sopa de óleo em uma frigideira grande e refogue metade da cebola, cebolinha, pimentão e alho. Adicione 1 quilo de lagosta e refogue por 5 minutos. Retire a mistura para um processador de alimentos e triture até obter a consistência de carne moída. Transfira a mistura para uma tigela e adicione 1/4 colher de chá de sal, 1/4 colher de chá de pimenta, 1/4 colher de chá de tempero crioulo, a farinha de rosca e o ovo e misture bem.

Coloque 2/3 xícara de farinha em uma assadeira rasa. Enrole a mistura em bolas de 1 polegada. Passe as bolinhas na farinha e coloque-as na assadeira. Asse, virando as bolas várias vezes, até dourar levemente, cerca de 35 minutos. Deixou de lado.

Aqueça o óleo restante em uma panela média e pesada em fogo médio-alto. Acrescente a farinha restante, mexendo sempre, até ficar com uma cor de manteiga de amendoim. Adicione as cebolas restantes, pimentão e alho e cozinhe até ficar translúcido. Adicione o caldo ou a água, o extrato de tomate, o restante do sal, da pimenta e do tempero crioulo, e a pimenta caiena, e cozinhe, tampado, por 15 minutos.

Pique as caudas de lagosta restantes e adicione ao bisque e continue cozinhando por 15 minutos. Para um bisque suave, misture com um mixer de mão. Adicione as bolinhas de lagosta e cozinhe por mais 5 minutos.

Sirva em tigelas sobre o arroz. Polvilhe com salsa.

34. Étouffée de lagosta

RENDE 8-10 PORÇÕES OU O SUFICIENTE PARA UMA MULTIDÃO EM UM BUFFET DE FESTA

INGREDIENTES

3/4 xícara de manteiga ou óleo vegetal

3/4 xícara de farinha de trigo

1 cebola grande, picada

1 maço de cebolinha verde, picada, partes brancas e verdes separadas

1 pimentão verde, picado

3 talos de aipo, picados.

4 dentes de alho grandes, picados

3 colheres de pasta de tomate

6 xícaras de caldo de frutos do mar ou água (ver Nota)

1/2 colher de chá de tomilho seco

3 folhas de louro

1 colher de chá de tempero crioulo

1 colher de chá de sal

1 colher de sopa de suco de limão fresco

Pimenta caiena e pimenta preta moída na hora a gosto

2-3 libras caudas de lagosta com gordura

3 colheres de sopa de salsa picada

Arroz branco de grão longo cozido, para servir

Em uma panela grande e pesada, derreta a manteiga ou aqueça o óleo em fogo médio. Adicione a farinha e mexa constantemente. Se estiver usando manteiga, cozinhe o roux até que fique loiro ou dourado. Se estiver usando óleo, continue cozinhando, mexendo, até que o roux esteja marrom médio. Adicione a cebola, a parte branca da cebolinha, o pimentão, o aipo e o alho e refogue, mexendo, até ficar translúcido.

Adicione a pasta de tomate, o caldo ou a água, o tomilho, as folhas de louro, o tempero crioulo, o sal e o suco de limão, tempere com a pimenta caiena e a pimenta e deixe ferver. Reduza o fogo, tampe e cozinhe por 20 minutos, mexendo ocasionalmente e retirando a gordura da superfície. Adicione os lagostins, a salsa e as cebolas verdes, deixe ferver, reduza o fogo e cozinhe por 10 minutos. Retire as folhas de louro.

Quando estiver pronto para servir, reaqueça suavemente e sirva sobre o arroz.

35. Tortas de lagosta

FAZ 5 (5 POLEGADAS) TORTAS INDIVIDUAIS

INGREDIENTES

Massa suficiente para quatro tortas de 9 polegadas (comprado em loja é bom)

2 quilos de cauda de lagosta com gordura, dividida

6 colheres de manteiga

6 colheres de farinha de trigo

2 cebolas médias, picadas

1 pimentão verde, picado

4 dentes de alho, picados

2 xícaras meia e meia

4 colheres de sopa de xerez

2 colheres de sopa de suco de limão fresco

1 colher de chá de sal

15 voltas em um moinho de pimenta preta

1 colher de chá de pimenta caiena

4 colheres de sopa de salsa picada

1 clara de ovo, batida

Pré-aqueça o forno a 350°.

Abra a massa de torta com uma espessura de 1/8 de polegada. Você deve ter massa suficiente para cinco tortas de 5 polegadas de crosta dupla. Para obter o tamanho certo para as crostas inferiores, coloque uma das formas de cabeça para baixo sobre a massa e corte a massa a 2,5 cm da borda da forma. As crostas superiores devem ser cortadas em 5 polegadas para o melhor ajuste. Coloque as crostas inferiores nas formas de torta e mantenha as crostas superiores frias na geladeira.

Em um processador de alimentos, pique metade das caudas de lagosta até quase moer. Deixe os outros inteiros.

Derreta a manteiga em uma panela média e pesada ou frigideira grande em fogo médio. Adicione a farinha e mexa constantemente até que o roux fique marrom claro. Adicione a cebola e o pimentão e refogue por cerca de 5 minutos. Adicione o alho e refogue por mais 1 minuto. Adicione o meio-e-meio, xerez, suco de limão, sal, pimenta, pimenta de Caiena e salsa e cozinhe por 5 minutos. Adicione os lagostins picados e inteiros e cozinhe mais 5 minutos.

Encha cada uma das cascas de torta preparadas com cerca de 1 xícara de recheio de lagosta. Cubra com as crostas superiores e aperte as bordas. Corte várias fendas na crosta superior e pincele com a clara de ovo. Coloque as tortas em assadeiras e asse até que o recheio esteja borbulhando e as crostas estejam douradas, cerca de 1 hora.

36. Arroz da terra

FAZ 8-10 PORÇÕES

INGREDIENTES

3 xícaras de água

1 1/2 xícaras de arroz branco de grãos longos

1/4 mais 1 colher de chá de sal, dividido

2 colheres de óleo vegetal

1 cebola, picada

6 cebolinhas verdes, picadas, partes brancas e verdes separadas

1 pimentão verde, picado

2 talos de aipo, picados

3 dentes de alho, picados

1 libra de carne moída

1 libra de fígado de frango, picado

1/2 colher de chá de pimenta preta moída na hora

1/2 colher de chá de pimenta caiena

1/3 xícara de salsa lisa picada

Leve a água para ferver em uma panela média. Adicione o arroz e 1/4 colher de chá de sal. Reduza o fogo para baixo, tampe e cozinhe até que toda a água tenha sido absorvida, cerca de 20 minutos.

Em uma panela média e pesada, aqueça o azeite e refogue a cebola, as partes brancas da cebolinha, o pimentão e o aipo até ficarem translúcidos. Adicione o alho e refogue mais um minuto. Adicione a carne moída e doure, mexendo. Adicione os fígados de frango e continue cozinhando e mexendo até que a carne e os fígados estejam cozidos, cerca de 10 minutos. Adicione a pimenta e a pimenta caiena, tampe e cozinhe por 5 minutos.

Junte a salsa e a cebolinha verde. Dobre delicadamente no arroz. Sirva com molho picante da Louisiana ao lado.

37. Ovos Sardou

RENDE 4 PORÇÕES

INGREDIENTES

PARA O MOLHO HOLANDAISE

2 gemas grandes

1 1/2 colheres de sopa de suco de limão fresco

2 tabletes de manteiga sem sal

Sal e pimenta-do-reino preta moída na hora a gosto

PARA OS OVOS

2 (9 onças) sacos de espinafre fresco

1 colher de azeite

1 colher de chá de alho picado

1/3 xícara de creme de leite

Sal e pimenta-do-reino preta moída na hora a gosto

8 fundos de alcachofra recém-cozidos ou enlatados

2 colheres de vinagre branco

8 ovos

Para fazer o molho, coloque as gemas e o suco de limão no liquidificador. Pulse várias vezes para misturar.

Derreta a manteiga em uma jarra de vidro no micro-ondas, tomando cuidado para não ferver. Aos poucos, despeje a manteiga na mistura de ovos e misture até formar um molho espesso e cremoso. Tempere com sal e pimenta.

Para fazer os ovos, prepare o espinafre refogando-o no azeite em uma panela, mexendo, apenas até murchar e ainda verde brilhante. Junte o creme de leite, tempere com sal e pimenta e reserve.

Aqueça os fundos de alcachofra e mantenha aquecido.

Encha uma frigideira ou panela rasa com 2 1/2 polegadas de água. Adicione o vinagre e leve ao fogo médio.

Um de cada vez, quebre 4 ovos em um copo pequeno e despeje-os suavemente na água. Cozinhe os ovos até que subam ao topo do líquido e, em seguida, vire-os com uma colher. Cozinhe até que as claras estejam firmes, mas as gemas ainda estejam moles. Retire com uma escumadeira e seque com papel toalha. Repita com os ovos restantes.

Coloque uma porção de espinafre em cada um dos 4 pratos. Coloque 2 fundos de alcachofra em cada prato em cima do espinafre e coloque um ovo em cada alcachofra. Espalhe o molho holandês por cima de tudo e sirva imediatamente.

38. Grits e Grelhados

RENDE 6 PORÇÕES

INGREDIENTES

1 (3 libras) bife redondo de carne ou vitela, socado com cerca de 1/4 de polegada de espessura

Sal e pimenta-do-reino preta moída na hora a gosto

1 xícara de farinha de trigo

3/4 xícara de óleo vegetal, dividido

1 cebola grande, picada

1 pimentão verde, picado

1 maço de cebolinha, picada, partes verdes e brancas separadas

3 dentes de alho, picados

1 tomate grande, picado

1 colher de pasta de tomate

1/2 xícara de vinho tinto

3 xícaras de água

1 colher de chá de vinagre de vinho tinto

1/2 colher de chá de tomilho seco

1 colher de sopa de molho inglês

Sal, pimenta-do-reino moída na hora e tempero crioulo a gosto

3 colheres de sopa de salsa picada

Grãos para servir 6, cozidos de acordo com as instruções da embalagem

Corte a carne em pedaços de aproximadamente 2 × 3 polegadas. Tempere os dois lados generosamente com sal e pimenta.

Aqueça 1/4 xícara de óleo em uma frigideira grande e pesada e coloque a farinha em uma tigela ou prato raso. Passe cada bife na farinha, retire o excesso e doure dos dois lados. Transfira a carne para papel toalha.

Adicione o azeite restante à frigideira e refogue a cebola, a parte branca da cebolinha, o pimentão e o alho até ficarem translúcidos. Adicione o tomate, a pasta de tomate, o vinho, a água, o vinagre, o tomilho, o molho inglês e a carne e tempere com sal, pimenta e tempero crioulo. Leve para ferver. Reduza o fogo, tampe e cozinhe até que a carne esteja macia, cerca de 1 1/2 horas. Adicione a salsa e a cebolinha verde e sirva sobre os grãos.

39. Empadas de Carne Natchitoches

FAZ CERCA DE 24

INGREDIENTES

2 colheres de óleo vegetal

1 cebola grande, picada

6 cebolinhas verdes, picadas

1 pimentão verde, picado

3 dentes de alho, picados

1 libra de carne moída

1 quilo de carne de porco moída

1 colher de chá de tempero crioulo

1/2 colher de chá de sal

1/2 colher de chá de pimenta preta moída na hora

1/4 colher de chá de pimenta caiena

1/4 xícara de farinha de trigo

1 pacote (2 crostas) de tortas refrigeradas

2 claras de ovo, batidas

Em uma frigideira grande e pesada, aqueça o azeite. Adicione os legumes e refogue até ficarem translúcidos. Adicione a carne e cozinhe, mexendo de vez em quando, em fogo alto por alguns minutos. Reduza o fogo e continue a cozinhar, cortando a carne com uma colher, até dourar bem. Adicione os temperos e a farinha e continue a cozinhar por 10 minutos. Retire do fogo. O recheio pode ser feito com antecedência e refrigerado até que você esteja pronto para usá-lo.

Quando estiver pronto para fazer as tortas, pré-aqueça o forno a 350°. Pulverize 2 assadeiras com spray de cozinha antiaderente.

Coloque as crostas de torta refrigeradas em uma superfície plana e abra-as um pouco mais finas. Usando um cortador de biscoitos médio, corte círculos. Coloque uma colher de sopa cheia do recheio em uma metade de cada círculo, deixando a borda livre. Este será o fundo da torta. Encha uma tigela pequena com água. Mergulhe um dedo na água e molhe a borda da metade inferior da massa e dobre a parte superior para formar um volume. Sele as bordas com os dentes de um garfo e coloque as tortas a cerca de 1 polegada de distância nas assadeiras preparadas.

Pincele as tortas com claras de ovos e faça alguns pequenos cortes no topo de cada torta. Asse até dourar.

40. Gumbo de alcachofra de ostra

FAZ 6-8 PORÇÕES

INGREDIENTES

3 dúzias de ostras descascadas com seu licor, mais licor extra, se disponível

1 barra de manteiga

1/2 xícara de farinha de trigo

1 cebola grande, picada

6 cebolinhas verdes, picadas, partes brancas e verdes separadas

2 talos de aipo, picados

4 dentes de alho grandes, picados

6 xícaras de licor de ostras e caldo de frutos do mar (ou, em uma pitada, caldo de galinha)

1 lata (14 onças) de corações de alcachofra, escorridos e cortados em pedaços pequenos

1/4 colher de chá de pimenta caiena

1 colher de chá de tempero crioulo

1/2 colher de chá de sal de aipo

1 colher de chá de molho inglês

Sal e pimenta-do-reino preta moída na hora a gosto

1 xícara meia e meia

2 colheres de sopa de salsa picada

Coe as ostras e reserve o licor. Verifique as ostras para fragmentos de concha e reserve.

Em uma panela pesada, derreta a manteiga em fogo baixo e adicione a farinha, mexendo sempre, até engrossar e começar a dourar (um roux loiro). Adicione a cebola, as partes brancas da cebolinha e o aipo e refogue até murchar. Adicione o alho e refogue mais um minuto.

Adicione o licor de ostras, caldo, alcachofras, pimenta caiena, tempero crioulo, sal de aipo e molho inglês e tempere com sal e pimenta (comece com apenas uma pequena quantidade de sal, pois as ostras podem ser salgadas). Cubra e cozinhe por 10 minutos. Junte o meio a meio, deixe quase ferver e junte as ostras. Reduza o fogo e cozinhe por alguns minutos ou até as ostras enrolarem. Desligue o fogo e misture os tops de cebola verde e salsa. Ajuste os temperos antes de servir.

41. Molho de Ostra

FAZ 8-10 PORÇÕES

INGREDIENTES

Pão francês de 1 dia, cortado em pedaços pequenos

3 dúzias de ostras descascadas, coadas e reservadas com licor

Licor de ostra mais caldo de frango ou peru suficiente para fazer 2 xícaras

1 barra de manteiga

1 cebola, picada

1 maço de cebolinha verde, picada

3 talos de aipo, picados

3 dentes de alho, picados

3 colheres de sopa de salsa picada

1/2 colher de chá de sal, ou a gosto

12 voltas em um moinho de pimenta preta

1/2 colher de chá de pimenta caiena, ou a gosto

1 colher de chá de sálvia moída

2 ovos, batidos

Coloque o pão em uma tigela grande, cubra com o caldo e deixe de molho por 1 hora. Verifique as ostras e remova quaisquer fragmentos de conchas.

Pré-aqueça o forno a 350°. Derreta a manteiga em uma frigideira e refogue a cebola e o aipo até ficarem translúcidos. Adicione o alho e refogue mais um minuto. Adicione os legumes ao pão, juntamente com a salsa, os temperos e os ovos. Misture bem.

Espalhe o molho em uma assadeira de 11 × 13 polegadas ou 2 menores e asse até ficar inchado e dourado por cima, cerca de 45 minutos.

42. Torta de ostras

RENDE 6 PORÇÕES

INGREDIENTES

2 dúzias de ostras grandes ou 3 dúzias de ostras pequenas, com seu licor

1 xícara de cogumelos frescos fatiados

1 colher de manteiga

4 colheres de óleo vegetal

4 colheres de farinha de trigo

6 cebolinhas verdes, picadas, partes brancas e verdes separadas

1/2 pimentão verde, picado

1 talo de aipo, picado

2 dentes de alho grandes, picados

1/4 xícara de salsicha andouille ou presunto defumado, picado em pedaços de 1/4 de polegada

1 colher de chá de tempero crioulo

1 colher de chá de molho inglês

2 gotas de molho Tabasco

2 colheres de sopa de salsa picada

Sal e pimenta-do-reino preta moída na hora a gosto

2 tortas, caseiras ou compradas, refrigeradas

1 clara de ovo, batida

Coe as ostras e despeje o licor em um copo medidor grande; adicione água suficiente para fazer 1 xícara. Verifique as ostras para fragmentos de concha e reserve.

Aqueça a manteiga em uma frigideira pequena e refogue os cogumelos até ficarem moles. Deixou de lado.

Em uma frigideira grande ou panela média, aqueça o óleo em fogo alto; adicione a farinha e mexa constantemente até que o roux comece a dourar. Reduza o fogo para médio e cozinhe, mexendo sempre, até que o roux fique da cor do chocolate ao leite. Adicione as cebolas, as partes brancas das cebolinhas, o pimentão e o aipo e cozinhe até murchar. Adicione o alho e cozinhe mais um minuto. Adicione o licor de ostra, salsicha ou presunto, tempero crioulo, molho inglês e molho Tabasco. Cubra, reduza o fogo para ferver e cozinhe por 15 minutos.

Aumente o fogo para médio-alto e adicione os cogumelos e ostras. Cozinhe até as ostras enrolarem, cerca de 4 minutos. Desligue o fogo e misture os tops de cebola verde e salsa. Tempere com sal e pimenta. Legal.

Aqueça o forno a 350°. Coloque uma das crostas no prato de torta. Adicione a mistura de ostras e cubra com a crosta superior, dobrando as bordas. Corte várias fendas na crosta superior para liberar o vapor e pincele a crosta com a clara de ovo. Asse por 45 minutos ou até que a massa esteja dourada.

43. Ostra Rockefeller Gumbo

RENDE 6 PORÇÕES

INGREDIENTES

1 litro de ostras descascadas com seu licor ou 3 dúzias de ostras com 3 a 5 xícaras de licor

1 barra de manteiga

1/2 xícara de farinha de trigo

1 maço de cebolinha verde, picada

1/2 xícara de pimentão verde picado

1/2 xícara de aipo picado

1 colher de chá de alho picado

1 (10 onças) caixa de espinafre picado congelado, descongelado

1/4 xícara de manjericão fresco picado

5 xícaras de licor de ostras e/ou caldo de frutos do mar

2 colheres de sopa de Herbsaint ou Pernod

1/2 colher de chá de tempero crioulo

Molho Tabasco a gosto

2 colheres de chá de molho inglês

Pimenta branca, a gosto

1/2 xícara de salsa lisa picada

1 xícara meia e meia

Sal, a gosto

Coe as ostras, reservando o licor. Verifique as ostras e descarte qualquer concha. Deixou de lado.

Derreta a manteiga em uma panela grande e pesada. Adicione a farinha e mexa constantemente em fogo médio para fazer um roux loiro. Adicione a cebola, o pimentão e o aipo e refogue até ficar translúcido. Adicione o alho, espinafre e manjericão e refogue mais um minuto. Adicione o licor de ostras e/ou caldo de frutos do mar aos poucos e mexa até ficar bem misturado. Adicione o Herbsaint ou Pernod, tempero crioulo, molho Tabasco e molho Worcestershire e tempere com pimenta. Cubra, reduza o fogo para baixo e cozinhe por 15 minutos.

Prove e ajuste os temperos. Adicione sal neste ponto, se necessário, dependendo de quão salgadas são as ostras. Adicione a salsa, meio a meio e as ostras e cozinhe até que as ostras enrolem, um minuto ou 2. Sirva com bastante pão francês quente.

44. Caldo de corte de peixe vermelho

FAZ 4-6 PORÇÕES

INGREDIENTES

1 (3 a 4 libras) de peixe firme e de carne branca, como cantarilho ou pargo

3 colheres de sopa de azeite extra virgem

1 cebola média, picada

3 cebolinhas verdes, picadas

1/2 pimentão verde, picado

1 talo de aipo, picado

3 dentes de alho, picados

1 tomate grande, picado

1 (15 onças) lata de molho de tomate

Suco de 1 limão

1 colher de sopa de molho inglês

1/4 xícara de vinho tinto

1/2 colher de chá de tomilho seco ou 2 colheres de chá frescas picadas

1/2 colher de chá de manjericão seco ou 2 colheres de chá frescas picadas

1/2 colher de chá de pimenta caiena

1 colher de chá de açúcar

Sal e pimenta-do-reino preta moída na hora a gosto

2 colheres de sopa de salsa picada

Aqueça o forno a 350°. Remova todas as escamas restantes no peixe e lave bem. Seque e coloque em uma assadeira grande com lados de 2 polegadas. Leve à geladeira até que o molho esteja pronto.

Aqueça o azeite em uma panela média e pesada e refogue a cebola, o pimentão, o aipo e o alho até ficarem translúcidos. Adicione os tomates, molho de tomate, suco de limão, molho inglês, vinho, tomilho, manjericão, pimenta caiena e açúcar e tempere com sal e pimenta. Deixe ferver, reduza o fogo para baixo e cozinhe, tampado, por 30 minutos.

Adicione a salsinha, prove e ajuste os temperos.

Espalhe um pouco do molho no fundo da assadeira. Polvilhe o peixe com sal e pimenta e coloque na panela. Cubra o peixe com o molho, colocando um pouco dentro da cavidade do corpo. Asse, descoberto, por 30 minutos, ou até que o peixe esteja pronto no centro (usando uma faca, a carne na parte mais grossa do peixe se soltará facilmente do osso). Cubra com papel alumínio e mantenha aquecido até servir.

45. Feijão Vermelho e arroz

FAZ 8-10 PORÇÕES

INGREDIENTES

1 quilo de feijão seco

2 colheres de óleo vegetal

1 cebola grande, picada

1 maço de cebolinha verde, picada, partes brancas e verdes separadas

1 pimentão verde, picado

2 talos de aipo, picados

4 dentes de alho, picados

6 xícaras de água

3 folhas de louro

1/2 colher de chá de tomilho seco

1 colher de chá de tempero crioulo

1 osso de presunto com um pouco de presunto, de preferência, ou 2 jarretes de presunto ou pedaços de presunto de 1/2 libra

Sal e pimenta-do-reino preta moída na hora a gosto

1 libra de linguiça defumada, cortada em rodelas de 1,2 cm de espessura

2 colheres de sopa de salsa picada, e mais para servir

Arroz branco de grão longo cozido, para servir

Coloque o feijão em uma panela grande, cubra com água, deixe de molho durante a noite e escorra.

Em uma panela grande e pesada, aqueça o azeite e refogue a cebola, a parte branca da cebolinha, o pimentão, o aipo e o alho.

Em uma frigideira grande, doure a linguiça. Deixou de lado.

Na panela, adicione o feijão, a água, as folhas de louro, o tomilho, o tempero crioulo e o presunto e deixe ferver. Reduza o fogo, tampe e cozinhe por 2 horas, mexendo ocasionalmente, adicionando a linguiça 30 minutos antes de terminar o cozimento.

Retire as folhas de louro, misture a salsa e sirva em tigelas com o arroz. Polvilhe tigelas com mais salsa, se desejar.

46. Camarão e grãos

RENDE 6 PORÇÕES

INGREDIENTES

3 libras de camarão grande (cerca de 15 a 20 por libra), descascado e limpo

5 colheres de sopa de manteiga, divididas

8 cebolinhas verdes, picadas

5 dentes de alho grandes, picados

Raspa e sumo de 1 limão

1/3 xícara de vinho branco seco

1 colher de sopa de molho inglês

1 colher de chá de tempero italiano

Pimenta preta moída na hora, a gosto

1/2 colher de chá mais 1/4 colher de chá de sal, dividido

1 colher de chá de tempero crioulo

2 colheres de sopa de salsa picada

1 xícara de grãos rápidos

4 1/4 xícaras de água

1/4 xícara de parmesão fresco ralado

Derreta 4 colheres de sopa de manteiga em uma frigideira grande e pesada em fogo médio. Adicione a cebola e o alho e refogue até murchar. Adicione os camarões e refogue, mexendo, por alguns minutos até ficarem rosados. Adicione as raspas e suco de limão, vinho, molho inglês, tempero italiano, pimenta, tempero crioulo e 1/2 colher de chá de sal e cozinhe por cerca de 3 minutos. Não cozinhe demais o camarão. Retire do lume e polvilhe com salsa.

Para cozinhar os grãos, ferva a água em uma panela grande e adicione os grãos em um fluxo constante enquanto mexe. Adicione o sal restante. Cubra, reduza o fogo para baixo e cozinhe por cerca de 10 minutos. Retire do fogo e misture o parmesão e a manteiga restante. Sirva o camarão sobre os grãos em pratos ou tigelas.

47. Remoulade de Camarão

FAZ 6-8 PORÇÕES

INGREDIENTES

1/2 xícara de cebolinha verde picada

1/2 xícara de aipo picado

1/4 xícara de salsa de folha plana picada

2 dentes de alho, picados

1/2 xícara de rábano fresco (encontrado na seção refrigerada de mercearias)

1/2 xícara de ketchup

3/4 xícara de mostarda crioula

2 colheres de sopa de molho inglês

3 colheres de sopa de suco de limão fresco

1/8 colher de chá de pimenta caiena

Sal, pimenta preta moída na hora e pimenta caiena a gosto

3 quilos de camarão grande descascado e limpo

Alface ralada, cerca de 4 xícaras

Em uma tigela, misture todos os ingredientes, exceto o camarão e a alface e misture bem. Prove e ajuste os temperos.

Várias horas antes de servir, coloque o camarão em uma tigela grande. Acrescente o molho aos poucos até ficar com a consistência do seu agrado. Alguns podem preferir todo o curativo e outros, menos. Sirva sobre a alface ralada.

48. Geleia de Pimenta

FAZ 8-10 POTES PEQUENOS

INGREDIENTES

6-8 pimentas jalapeño grandes, picadas, para render 1/2 xícara

1/3 xícara de pimentão verde picado

6 1/2 xícaras de açúcar

1 1/2 xícaras de vinagre de vinho tinto

1 (6 onças) garrafa Certo ou 2 (3 onças) pacotes

6 gotas de corante alimentar vermelho ou verde

Retire os talos e as sementes dos pimentões e pique bem fino ou processe em um processador de alimentos. Misture todos os ingredientes, exceto o Certo, em uma panela média e misture bem. Deixe ferver e deixe ferver por 2-3 minutos, mexendo sempre. Retire do fogo e misture o Certo. Despeje em potes de gelatina esterilizados e feche.

Sirva sobre o cream cheese para espalhar nos biscoitos.

49. Mirlitons Recheados

FAZ 6-8 PORÇÕES (1-2 MEIAS MIRLITON POR PORÇÃO)

INGREDIENTES

6 milhões de toneladas

7 colheres de sopa de manteiga, divididas

1 cebola média, picada

1 maço (6-8) de cebolinha, picada, partes brancas e verdes separadas

2 talos de aipo, picados

4 dentes de alho, picados

1 colher de chá de tempero italiano

1 colher de chá de molho Tabasco

1 colher de sopa de suco de limão fresco

Sal e pimenta-do-reino preta moída na hora a gosto

2 libras de camarão médio, descascado e limpo, ou 1 libra de camarão congelado descascado, descongelado

1 quilo de carne de caranguejo em pedaços

1 1/4 xícaras de migalhas de pão italiano, divididas

Em uma panela grande, ferva os mirlitons inteiros até ficarem macios quando espetados com um garfo, cerca de 1 hora. Escorra e esfrie.

Enquanto isso, derreta 4 colheres de manteiga em uma frigideira grande. Adicione a cebola, as partes brancas da cebolinha e o aipo e refogue até ficar transparente. Adicione o alho e refogue mais um minuto. Adicione os temperos e o suco de limão e retire do fogo.

Corte os mirlitos ao meio no sentido do comprimento e retire as sementes. Retire a carne, deixando uma casca de cerca de 1/4 de polegada de espessura. Adicione a carne do mirliton à frigideira e cozinhe por cerca de 5 minutos. Junte os camarões e a cebola verde e cozinhe, mexendo, até que os camarões fiquem rosados. Misture 1/2 xícara de migalhas de pão italiano e carne de caranguejo, mexendo delicadamente para que a carne de caranguejo fique em pedaços.

Forre uma assadeira untada com cascas de mirliton. Recheie as conchas com a mistura de frutos do mar e polvilhe cada uma com 1 colher de sopa das migalhas de pão restantes. Corte a manteiga restante em pedaços pequenos e pontilhar os topos dos mirlitons.

Asse até dourar por cima, cerca de 30 minutos. Ou marrom sob o frango nos últimos minutos de cozimento. Sirva imediatamente.

50. Gumbo de tartaruga

RENDE 6 PORÇÕES COMO ENTRADA, 12 PORÇÕES COMO APERITIVO

INGREDIENTES

2 libras de carne de tartaruga desossada, cortada em pedaços de 1 polegada

Sal e pimenta-do-reino preta moída na hora a gosto

10 colheres de manteiga, divididas

5 xícaras de água

2 cebolas médias

2 pimentões verdes

3 talos de aipo

6 dentes de alho grandes

1/2 xícara de farinha de trigo

1 1/2 xícaras de molho de tomate

1 colher de chá de tempero crioulo

1/2 colher de chá de tomilho seco

1/2 colher de chá de tempero italiano

3 folhas de louro

1/2 colher de chá de sal

1/2 colher de chá de pimenta preta moída na hora

2 colheres de sopa de molho inglês

1/2 colher de chá de molho Tabasco

Suco de 1 limão

1/2 xícara de xerez de boa qualidade, mais adicional para servir

4 xícaras de espinafre picado

3 colheres de sopa de salsa picada

4 ovos cozidos, picados

Polvilhe a carne levemente com sal e pimenta.

Aqueça 2 colheres de sopa de manteiga em uma panela grande e pesada e, em lotes, doure a carne de todos os lados, removendo um lote para um prato para dourar o próximo.

Retorne toda a carne para a panela, cubra com a água e deixe ferver. Reduza o fogo para baixo, tampe e cozinhe por cerca de 1 hora, ou até que a carne esteja macia. Retire a carne para o prato e coe e reserve o caldo.

Quando a carne estiver fria o suficiente para manusear, desfie com os dedos e pique-a em cubos finos. Você pode querer fazer isso no processador de alimentos. Deixou de lado.

Em um processador de alimentos, pique finamente a cebola, o pimentão, o aipo e o alho. Deixou de lado.

Lave e seque a mesma panela que você usou para cozinhar a carne da tartaruga. Derreta a manteiga restante na panela em fogo baixo; adicione a farinha e cozinhe, mexendo sempre, para fazer um roux da cor do chocolate ao leite, cerca de 10 minutos. Adicione os legumes picados e cozinhe até murchar muito. Adicione o molho de tomate e cozinhe cerca de 5 minutos. Adicione o caldo, tempero crioulo, tomilho, tempero italiano, louro, sal, pimenta, molho inglês, molho Tabasco e suco de limão. Cozinhe, tampado, em fogo médio-baixo por 30 minutos.

Adicione o xerez, espinafre e salsa e cozinhe por mais 10 minutos. Retire as folhas de louro e misture os ovos.

Sirva em tigelas e passe xerez extra.

51. Arroz e Feijão com Ovos Fritos

Porções: 4

INGREDIENTES

3/4 xícara de arroz branco de grãos longos

sal Kosher

2 colheres de óleo de canola

1 cebola amarela pequena, cortada em cubos pequenos

1/2 pimentão vermelho médio, sem sementes e picado

2 dentes de alho grandes, picados

1/2 colher de chá de cominho moído

1/4 xícara de molho de tomate enlatado

lata de 15 onças de feijão pinto, escorrido e enxaguado

3 colheres de sopa de Salsa Lizano

Pimenta preta moída na hora

8 ovos grandes

2 colheres de sopa de coentro fresco picado

INSTRUÇÕES

Coloque o arroz, uma grande pitada de sal e 1-1/2 xícaras de água em uma panela de 3 litros. Deixe ferver em fogo médio-alto, reduza o fogo para baixo, tampe e cozinhe até que o arroz tenha absorvido a água e esteja macio por cerca de 15 minutos. Retire do fogo e reserve com a tampa.

Enquanto isso, aqueça 1 colher de sopa de óleo em uma panela de 4 litros em fogo médio. Adicione a cebola, o pimentão, o alho e uma pitada de sal; cozinhe, mexendo ocasionalmente até amolecer, cerca de 3 minutos. Adicione o cominho e cozinhe até perfumar, cerca de 30 segundos. Adicione o molho de tomate e mexa por 1 minuto.

Adicione o feijão e 1 xícara de água e cozinhe até que o líquido reduza ao nível do feijão, cerca de 4 minutos.

Junte o arroz ao feijão e misture bem. Junte a Salsa Lizano e tempere a gosto com sal e pimenta. Mantenha morno.

Aqueça a 1 colher de sopa restante de óleo em uma frigideira antiaderente de 12 polegadas em fogo médio, girando a panela para revestir uniformemente. Gentilmente, quebre os ovos na panela. Tempere com sal e pimenta, tampe e cozinhe até que as bordas das gemas comecem a endurecer, 2 a 3 minutos. Separe os ovos com a ponta de uma espátula.

Para servir, coloque uma colher cheia de arroz e feijão em um prato e coloque 2 ovos por cima. Polvilhe com o coentro,

Sirva com Jícama, Abacate, Rabanete e Salada de Laranja com Coentro, ou uma simples salada verde.

52. Caçarola de café da manhã Huevos Rancheros

Porções: 8

Ptempo de reparação: 25 minutos

Tempo de cozimento: 1 hora

INGREDIENTES

1 pacote de mistura de feijão e arroz de grão longo

2 colheres de manteiga sem sal

2 colheres de sopa de óleo vegetal ou de canola, ou conforme necessário

12 tortilhas de milho

lata de 15 onças de molho de enchilada

½ colher de chá de cominho moído

½ colher de chá de alho em pó

½ colher de chá de pimenta em pó

2 xícaras de cheddar ralado ou queijo misto mexicano

8 ovos grandes

Sal Kosher e pimenta-do-reino moída na hora a gosto

Servir:

1 xícara de salsa

1 abacate, em fatias finas

½ xícara de creme de leite

4 cebolinhas, aparadas e fatiadas

½ xícara de folhas de coentro

INSTRUÇÕES

Pré-aqueça o forno a 425 ° F. Unte uma assadeira de 13 x 9 polegadas ou pulverize com spray de cozinha antiaderente. Coloque a mistura de feijão e arroz em uma panela média com 2 ½ xícaras de água e a manteiga.

Deixe ferver em fogo médio-alto, reduza um pouco o fogo, tampe e mantenha em fogo brando por cerca de 20 a 25 minutos, até que o arroz esteja macio, mexendo ocasionalmente. Retire do fogo, e deixe descansar por 5 minutos. Retire a tampa e solte com um garfo e reserve.

Enquanto o arroz e o feijão cozinham, prepare as tortilhas. Coloque toalhas de papel em uma superfície de trabalho. Aqueça 1 colher de chá de óleo em uma frigideira em fogo médio-alto e cozinhe as tortilhas uma de cada vez, por cerca de 1 a 2 minutos de cada lado, ou até ficarem crocantes e douradas em alguns pontos.

À medida que estiverem cozidos, transfira-os para papel-toalha. Adicione mais óleo, 1 colher de chá de cada vez, conforme necessário, até que todas as tortilhas estejam cozidas.

Combine o molho de enchilada com o cominho, alho em pó e pimenta em pó. Coloque metade das tortilhas no fundo da forma preparada, sobrepondo-as para cobrir o fundo da forma. Regue metade do molho de enchilada e, em seguida, polvilhe metade do queijo. Espalhe a mistura de feijão e arroz sobre o queijo. Repita as camadas das tortilhas, molho de enchilada e queijo.

Use uma colher e os dedos para criar 8 pequenos poços uniformemente espaçados na parte superior da caçarola, abrindo buracos na camada superior das tortilhas para que os ovos tenham espaço suficiente para afundar em seus entalhes. Use a colher e os dedos para criar esses poços, deixando-os com cerca de 2,5 cm de profundidade. Quebre os ovos cuidadosamente nas cavidades e tempere-os com sal e pimenta.

Asse até que as claras dos ovos estejam firmes, mas as gemas ainda estejam soltas e escorrendo por cerca de 25 minutos.

Sirva os ovos com salsa, abacate, creme de leite, cebolinha e folhas de coentro. Você pode dividir tudo por cima da caçarola assada ou colher porções individuais e deixar que todos cubram o prato como quiserem.

53. Tigela de Burrito de Manga e Feijão Café da Manhã

Tempo de preparo: 15 minutos

Tempo de cozimento: 45 minutos

Porções: 4

INGREDIENTES

1 lote de arroz verde de grão longo, cozido

lata de 15 onças de feijão pinto, lavado e escorrido

2 mangas maduras cortadas em cubos

1 abacate, em cubos ou fatiado

1 pimentão vermelho, em cubos

1 xícara de milho, grelhado, cru ou refogado

½ xícara de coentro picado

¼ xícara de cebola roxa em cubos

1 jalapeño, fatiado

Curativos:

Jalapeño coentro manga

limão coentro

molho de caju jalapeño

INSTRUÇÕES

Quando terminar, divida o arroz entre quatro tigelas, depois divida o feijão, a manga, o abacate, o pimentão vermelho, o milho, o coentro, a cebola roxa e as fatias de jalapeño uniformemente entre as tigelas.

Sirva com gomos de lima.

54. Pimentões Recheados de Fogão Lento

Tempo total: 60 minutos

Porções: 4

INGREDIENTES

2 colheres de chá de óleo de abacate

1 cebola doce, em cubos

2 aipo, fatiado

4 dentes de alho, picados

1 colher de sopa de pimenta em pó

2 colheres de chá de cominho

1 1/2 colheres de chá de orégano seco

2 xícaras de arroz branco de grão longo, cozido e resfriado

1 xícara de milho congelado

1 tomate, em cubos

1 lata de feijão carioca, lavado e escorrido

1 pimenta chipotle em adobo

sal

5 pimentões

1 lata de molho de enchilada

queijo de pimenta-do-reino, ralado

INSTRUÇÕES

Aqueça o óleo em uma frigideira grande em fogo médio-alto. Adicione a cebola e o aipo e cozinhe, mexendo sempre, por cerca de 5 minutos. Adicione o alho e cozinhe por 30 segundos ou mais e retire do fogo.

Adicione os temperos e mexa bem. Em uma tigela grande, adicione o arroz, feijão, milho, tomate, pimenta chipotle, 1/4 xícara de molho de enchilada e a mistura de cebola. Mexa bem e tempere com sal e pimenta.

Corte os topos dos pimentões e retire as sementes e as costelas. Preencha com a mistura de arroz, embalando levemente. Enchi o meu até a metade, adicionei uma pequena quantidade de queijo e terminei de rechear. Não coloque queijo por cima ainda. Coloque os pimentões cheios no fogão lento.

Adicione cerca de 1/2 polegada de água à panela, tomando cuidado para não colocar água nas pimentas. Cozinhe em fogo baixo por cerca de 4 horas. Cerca de 15 minutos antes de terminar, adicione uma camada de queijo em cada pimentão e deixe terminar de cozinhar.

Sirva os pimentões com o restante do molho de enchilada e queijo extra, se desejar. Apreciar!

55. B mistoean e molho de arroz

Porções: 10 a 12

INGREDIENTES

Para o mergulho:

lata de 15 onças de feijão pinto, lavado e escorrido

lata de 15 onças de feijão preto, lavado e escorrido

Lata de 15 onças de feijão marinho, lavado e escorrido

1 xícara de arroz branco cozido

1 xícara de tomate em cubos

1/2 xícara de cebola em cubos

3 xícaras de mistura de Cheddar-Monterey Jack ralado

2 colheres de sopa de jalapeño em conserva picado

1/2 colher de chá de cominho moído

1/2 colher de chá de alho em pó

1/8 colher de chá de pimenta caiena

Sal Kosher e pimenta moída na hora

Para servir:

Chips de tortilha

Nata

salsa

INSTRUÇÕES

Pré-aqueça o forno a 400°.

Em uma tigela grande, misture o feijão, arroz, tomate, cebola, 2 xícaras de queijo, jalapeño e especiarias. Tempere generosamente com sal kosher e pimenta.

Despeje em uma frigideira de ferro fundido de 10 polegadas untada ou assadeira redonda. Cubra com papel alumínio e cozinhe por 30 minutos.

Retire do forno e retire o papel alumínio. Polvilhe o restante 1 xícara de queijo por cima e continue a assar até que o queijo derreta, cerca de 5 a 10 minutos.

Sirva quente com chips de tortilha, creme azedo e salsa.

56. Feijão Pinto e Bolinhos de Arroz

Porções: 30

INGREDIENTES

1 lata de feijão carioca lavado e escorrido

1 xícara de arroz branco de grão longo cozido

1 ovo

1/4 colher de chá de sal kosher mais a gosto

1/4 colher de chá de cominho

pitada de pimenta caiena mais a gosto

1-2 colheres de azeite

Molho Chipotle defumado

INSTRUÇÕES

Coloque o feijão lavado em uma tigela grande. Amasse com um espremedor de batatas até formar uma pasta. Adicione o arroz, o cominho e a pimenta caiena. Mexa para misturar e saborear.

Adicione o ovo e trabalhe com as mãos ou uma colher grande para combinar bem.

Use uma colher pequena ou uma colher para formar as bolas e, em seguida, arredonde-as suavemente com as pontas dos dedos. Forme todas as bolas e coloque-as em um prato grande ou tábua de cortar. Em uma frigideira grande em fogo médio-alto, aqueça cerca de uma colher de sopa de óleo. Cozinhe as bolas na frigideira, até ficarem levemente douradas de cada lado. Isso levou alguns minutos de cada lado, virando-os 2-3 vezes cada.

Se você não está familiarizado com cozinhar coisas em lotes, aqui vai uma dica.

Comece a colocar os bolinhos de arroz na panela, na borda externa, próximo à alça. Vá no sentido horário ao redor da panela e, em seguida, preencha no meio.

Depois que as bolas estiverem douradas, retire-as da panela e coloque-as em um prato limpo. Tenda frouxamente com papel alumínio para manter aquecido. Cozinhe a metade restante das bolas e sirva quente. Apreciar!

57. Feijão frito, arroz e bolinhos de salsicha

INGREDIENTES:

1 xícara de arroz integral cozido

1 xícara de feijão carioca, cozido até ficar cremoso

4 cebolinhas verdes em fatias finas

4 colheres de sopa de salsicha picada

1 xícara mais 2 colheres de sopa de farinha de rosca seca em tudo

2 colheres de chá de molho picante - a sua escolha

2 ovos ao todo

1 xícara de farinha de trigo

1/2 xícara de leite

óleo para fritar

Molho crioulo:

1 porção de maionese

1 parte de mostarda crioula

INSTRUÇÕES:

Misture arroz, feijão, cebola, salsicha e 2 colheres de sopa de farinha de rosca. Polvilhe o molho quente e, em seguida, misture um ovo para formar uma massa firme.

Bata o leite e o ovo restante para fazer uma lavagem de ovo.

Forme pequenas bolas com a mistura de feijão, arroz e salsicha. Enrole na farinha, em seguida, cubra com a lavagem do ovo e enrole na farinha de rosca restante.

Aqueça o óleo a 360 graus F e frite até dourar. Escorra em papel toalha e sirva imediatamente com molho crioulo ou seu molho favorito.

Molho Creole: Misture uma parte de maionese com uma parte de Mostarda Crioula e sirva com o feijão e os bolinhos de arroz.

58. Arroz Longo e Feijão Pinto

Ptempo de reparação: 30 minutos

Tempo de cozimento: 10 a 30 minutos

Porções: 4

INGREDIENTES

50ml/2fl oz. óleo vegetal

1 cebola, finamente picada

300ml/10½ onças. arroz de grão longo

400ml/14½ onças. agua

400ml/14½ onças. Leite de côco

400g/14¼oz Pode feijão pinto, lavado e escorrido

3 colheres de tomilho fresco

sal e pimenta preta moída na hora

coentro fresco, para guarnecer

INSTRUÇÕES

Aqueça o óleo em uma frigideira e frite a cebola até ficar translúcida.

Adicione o arroz, mexa bem e acrescente a água e o leite de coco. Leve ao fogo.

Adicione o feijão e o tomilho, cozinhe e tampe, por cerca de 20 minutos, até que o arroz esteja cozido. Tempere com sal e pimenta do reino.

Sirva decorado com o coentro.

59. Frango ao limão com arroz de grão longo frito com ovo

Ptempo de reparação: 30 minutos

Tempo de cozimento: 10 a 30 minutos

Porções: 2

INGREDIENTES

Para a galinha

2 peitos de frango sem pele

2 colheres de óleo de gergelim

2 colheres de chá de óleo vegetal

2 colheres de sopa de molho de soja

2 dentes de alho, finamente picados

$\frac{1}{2}$ limão, raspas e suco

sal e pimenta preta moída na hora

1 colher de mel claro

Para o arroz

2 colheres de óleo de amendoim

2-3 colheres de chá de óleo de gergelim

2 ovos caipiras levemente batidos

salpique molho de soja

2 cebolinhas, bem picadas

50g/2oz feijão carioca, cozido

150g/5oz de arroz de grão longo, cozido

sal e pimenta preta moída na hora

3-4 colheres de sopa de coentro picado

rodelas de lima, para servir

INSTRUÇÕES

Para borboleta, os peitos de frango coloque-os em uma tábua e use uma faca afiada para fazer um corte paralelo à tábua de cortar três quartos de cada peito.

Abra cada peito de frango para que você tenha dois peitos de frango grandes e mais finos.

Coloque-os em uma tigela com uma colher de sopa de óleo de gergelim, óleo vegetal, molho de soja, alho, raspas de limão e suco.

Tempere com sal e pimenta preta moída na hora e misture para combinar. Em uma tigela separada, misture o mel com o óleo de gergelim restante.

Aqueça uma frigideira em fogo médio-alto até soltar fumaça, então coloque o frango na grelha e cozinhe por 2-3 minutos de cada lado, pincelando uma ou duas vezes com a mistura de mel e gergelim.

Quando estiver pronto, o frango deve ser grelhado por fora e completamente cozido. Deixe descansar por 2-3 minutos.

Enquanto isso, para o arroz, aqueça uma wok em fogo alto e adicione o amendoim e uma colher de chá de óleo de gergelim. Quando o óleo começar a brilhar, adicione os ovos e cozinhe, mexendo sempre, por 1-2 minutos ou até que estejam mexidos.

Empurre os ovos para o lado da panela e adicione um pouco mais de óleo de gergelim, o molho de soja, cebolinha e feijão e cozinhe por um minuto, em seguida, adicione o arroz e tempere com sal e pimenta preta moída na hora.

Cozinhe, mexendo continuamente, por 3-4 minutos, ou até aquecer. Misture com o coentro.

Para servir, coloque o arroz em pratos. Corte o frango na diagonal em tiras finas e coloque por cima do arroz. Cubra com uma rodela de lima.

60. Arroz de grão longo Hoppin' John

Ptempo de reparação: 30 minutos

Tempo de cozimento: 30 minutos a 1 hora

Porções: 4

INGREDIENTES

2 colheres de óleo vegetal

300g/10½oz de bacon cozido e desfiado

1 pimentão verde, finamente picado

1 pimentão vermelho, finamente picado

1 cebola roxa, finamente picada

3 talos de aipo, finamente picados

4 dentes de alho, esmagados

1 colher de chá de flocos de pimenta seca

2 folhas de louro

1 litro/1¾ de caldo de galinha ou legumes

400g/14oz pode feijão pinto, escorrido e enxaguado

225g/8oz de arroz de grãos longos

2 colheres de sopa de tempero crioulo ou de uso geral

sal e pimenta preta moída na hora

Servir

um punhado de folhas de salsa de folha plana, finamente picadas

molho de cebolinha, finamente picado

INSTRUÇÕES

Aqueça o óleo em uma panela grande em fogo médio.

Adicione o bacon à frigideira e frite até ficar crocante. Retire com uma escumadeira e escorra em papel de cozinha.

Adicione a cebola, pimentão, aipo, alho, flocos de pimenta, louro, tempero crioulo, sal e pimenta na panela e refogue em fogo baixo a médio até ficar macio.

Despeje o caldo e leve ao fogo.

Junte o arroz, o feijão e o bacon e mexa bem. Cubra e cozinhe por 20 minutos, ou até que o arroz esteja macio e a maior parte do líquido tenha sido absorvida.

Divida entre tigelas, polvilhe com salsa e cebolinha e sirva.

61. Feijão Pinto e Arroz de Inspiração Mexicana

Tempo de preparo: 25 minutos

Tempo de cozimento: 20 minutos

Porções: 8

INGREDIENTES

1 colher de sopa de caldo de galinha

3 colheres de pasta de tomate

1 colher de chá de sementes de coentro moídas

1 colher de chá de sal

$\frac{1}{2}$ colheres de chá de alho em pó

$\frac{1}{4}$ colheres de chá de pimenta

$3\frac{1}{2}$ xícaras de água

2 xícaras de arroz branco de grão longo, enxaguado com uma peneira de malha

1 pimentão vermelho, sem talo, sem sementes e picado

$\frac{1}{4}$ xícara de cebola roxa bem picada

1 jalapeño, sem caule, sem sementes e finamente picado

2 colheres de sopa de coentro bem picado

lata de 15 onças de feijão pinto, escorrido e enxaguado

INSTRUÇÕES

Em uma panela, adicione a Base de Frango, a pasta de tomate, o coentro, o sal, o alho em pó e a pimenta; bata para combinar.

Aos poucos, adicione a água, adicione o arroz e mexa para combinar. Coloque uma panela em fogo médio-alto e deixe ferver, mexendo de vez em quando.

Reduza o fogo para médio-baixo, tampe. Continue a cozinhar até que o líquido seja absorvido, mexendo ocasionalmente, cerca de 12 a 15 minutos. Retire do fogo e deixe tampado por alguns minutos.

Coloque o arroz em uma tigela grande e adicione pimentão, cebola, jalapeño e coentro; mexa para combinar.

Misture delicadamente o feijão e sirva.

62. Feijão Pinto e Arroz com Coentro

Tempo de preparo: 5 minutos

Tempo de cozimento: 25 minutos

Porções 6

INGREDIENTES

Para o Arroz:

1 xícara de arroz branco de grãos longos

1 colher de azeite

8 onças. lata de molho de tomate

1 pimentão vermelho sem caroço, sem sementes e cortado em quatro

1 1/2 xícaras de caldo de galinha ou caldo de legumes

3/4 colher de chá de sal kosher

1 colher de chá de alho em pó

1/4 colher de chá de pimenta em pó

1/4 colher de chá de cominho

1/2 xícara de tomate em cubos

2 colheres de sopa de coentro picado para decorar

Para o Feijão:

15 onças lata de feijão pinto drenado e enxaguado

1/2 xícara de caldo de galinha ou caldo de legumes

1 colher de pasta de tomate

3/4 colher de chá de sal

3/4 colher de chá de pimenta em pó

1/2 xícara de pico de gallo para decorar

INSTRUÇÕES

Para o Arroz:

Aqueça o azeite em uma panela de 2 litros em fogo médio. Adicione o arroz e mexa até que o arroz esteja envolvido no óleo. Cozinhe por cerca de 5 minutos ou até que o arroz esteja torrado e levemente dourado.

Adicione todos os ingredientes restantes.

Retorne a panela ao fogo e deixe o conteúdo ferver.

Tampe a panela e abaixe o fogo; cozinhe por 17 minutos.

Retire a panela do fogo e deixe repousar, tampada por 5 minutos. Retire e descarte os pimentões. Mexa bem. Decore com tomates e cebolinha verde, se desejar.

Para o Feijão:

Coloque todos os ingredientes em uma panela em fogo médio-alto e leve para ferver. Cozinhe por 7-10 minutos até o molho engrossar. Prove e adicione mais sal ou pimenta em pó, se necessário. Você também pode adicionar um pouco mais de caldo de galinha se o molho ficar muito grosso para o seu gosto. Decore com pico de gallo, se desejar.

63. Arroz e feijão espanhol

Tempo de preparo 10 minutos

Tempo de cozimento 25 minutos

Porções 2

INGREDIENTES

PARA O ARROZ

2 xícaras de caldo de legumes 475 ml

1 xícara de arroz de grãos longos 190 gramas

1/4 colheres de chá de fios de açafrão 0,17 gramas

pitada de sal marinho

pitada de pimenta preta

PARA O FEIJÃO

2 colheres de sopa de azeite extra virgem 30ml

1 cebola pequena

4 dentes de alho

1 cenoura

1 pimentão verde

1 colher de chá de páprica doce defumada espanhola 2,30 gramas

1/2 colher de chá de cominho moído 1,25 gramas

2 1/2 xícaras de feijão carioca enlatado 400 gramas

1 xícara de caldo de legumes 240ml

pitada de sal marinho

pitada de pimenta preta

um punhado de salsa fresca picada

INSTRUÇÕES

Adicione 2 xícaras de caldo de legumes em uma panela, coloque 1/4 colher de chá de fios de açafrão e tempere com sal marinho e pimenta preta recém-rachada, aqueça em fogo alto

Enquanto isso, adicione 1 xícara de arroz de grão longo em uma peneira e lave em água corrente fria, até que a água escorra limpa por baixo da peneira

Quando o caldo ferver, adicione o arroz na panela, misture e coloque uma tampa na panela, abaixe o fogo médio-baixo e cozinhe até que o arroz esteja cozido.

Enquanto isso, aqueça uma frigideira grande em fogo médio e adicione 2 colheres de sopa de azeite extra virgem, após 2 minutos adicione 1 cebola pequena picada, 1 pimentão verde picado, 1 cenoura e 4 dentes de alho picados grosseiramente, misture o vegetal continuamente com o azeite

Após 4 minutos e os legumes são levemente salteados, adicione 1 colher de chá de páprica doce defumada espanhola e 1/2 colher de chá de cominho moído, misture rapidamente e adicione 2 1/2 xícaras de feijão enlatado e tempere com sal marinho e pimenta preta, delicadamente misture até ficar bem misturado, em seguida, adicione 1 xícara de caldo de legumes e cozinhe em fogo médio

Quando o arroz estiver cozido, retire o arroz do fogo, deixe descansar por 3 a 4 minutos com a tampa, retire a tampa e solte o arroz com um garfo e transfira o arroz para as travessas.

Pegue o feijão fervendo e adicione-o na travessa ao lado do arroz, polvilhe com salsa fresca picada e divirta-se!

64. Arroz e feijão em uma panela

Porções: 4 porções

Tempo total: 30 minutos

INGREDIENTES

2 colheres de azeite

1 cebola amarela, picada

1 ¾ xícaras de caldo de galinha ou vegetais ou água

1 colher de chá de sal

1 xícara de arroz integral

lata de 15,5 onças de feijão

Fatias de limão ou folhas de coentro, para guarnecer

INSTRUÇÕES

Em uma panela grande ou forno holandês com tampa apertada, aqueça o azeite em fogo médio. Adicione a cebola e refogue até ficar translúcida, cerca de 3 minutos. Adicione o caldo, tampe e deixe ferver.

Acrescente o sal, o arroz e o feijão. Mexa apenas para combinar, depois tampe.

Abaixe o fogo o máximo possível e deixe ferver, sem ser perturbado, por 18 a 20 minutos. Retire do fogo e deixe descansar por 4 minutos, depois solte com um garfo.

Tempere a gosto com sal e pimenta e decore com limão ou coentro como desejar.

65. Arroz e Feijão Pinto do Sul

Tempo de preparo: 5 minutos

Tempo de cozimento: 4 horas

Porções: 6 xícaras

INGREDIENTES

1 libra de feijão carioca seco

8 xícaras de água ou caldo

2 colheres de sopa de sal, para deixar de molho durante a noite; sal de mesa

2 colheres de sopa de cebola em pó ou 1 xícara de cebola fresca em cubos

2 colheres de alho em pó

2 xícaras de arroz de grão longo, cozido

1 pernil defumado

Sal e pimenta a gosto

INSTRUÇÕES

Coloque o feijão em um grande forno holandês com cebola e alho em pó.

Cozinhe em fogo baixo, descoberto, por 3-4 horas ou até ficar macio; verifique o nível do líquido com frequência; adicione mais se necessário; quando estiver macio, prove os temperos e ajuste de acordo

1 libra de feijão carioca seco, 8 xícaras de água ou caldo, 2 colheres de sopa de cebola em pó, 2 colheres de sopa de alho em pó, 1 jarrete de presunto defumado

66. Feijão Pinto e Arroz e Linguiça

Tempo de preparo: 20 minutos

Tempo de cozimento: 105 minutos

Porções: 6 porções

INGREDIENTES

1 libra de feijão carioca seco

6 xícaras de água

1 jarrete de presunto, ou um osso de presunto restante carnudo

1 cebola média, picada

3 dentes de alho, picados

1 1/2 colheres de chá de sal

1 libra de linguiça defumada andouille, ou linguiça defumada similar, fatiada

lata de 14,5 onças de tomates, em cubos

lata de 4 onças de pimenta verde suave

1/2 colher de chá de flocos de pimenta vermelha, esmagados

4 xícaras de arroz branco cozido, grãos longos ou grãos rápidos, cozidos a quente

INSTRUÇÕES

Na noite anterior, coloque o feijão em uma tigela grande ou panela e cubra com água a uma profundidade de cerca de 3 polegadas acima do feijão. Deixe-os descansar por 8 horas ou durante a noite. Seque bem.

Combine o feijão demolhado e escorrido com água, jarrete de presunto, cebola e alho em uma panela grande ou forno holandês em fogo alto; leve para ferver. Cubra e reduza o fogo para médio; cozinhe o feijão por 45 minutos, ou até que o feijão esteja macio.

Adicione o sal, a linguiça fatiada, os tomates, as pimentas leves e os flocos de pimenta vermelha esmagados, se desejar. Cubra, reduza o fogo para baixo e cozinhe por 1 hora, mexendo ocasionalmente.

Retire o jarrete de presunto e retire a carne do osso. Desfie o presunto com um garfo ou pique. Retorne o presunto à mistura de feijão.

Sirva o feijão pinto sobre o arroz cozido quente.

67. Gallopinto (Arroz e Feijão da Nicarágua)

Tempo de preparo: 45 minutos

Tempo total: 24 horas

Porções: 8 porções

INGREDIENTES

Para o feijão

1 (16 onças) saco de feijão Pinto seco

Sal

7 dentes de alho, descascados

Para o arroz

1/4 xícara de óleo vegetal, dividido

1 cebola amarela média, finamente picada

1 1/2 xícaras de arroz branco de grãos longos

3 xícaras de água ou caldo de galinha com baixo teor de sódio

1/2 pimentão verde, sem caroço e sem sementes

INSTRUÇÕES

Para o feijão:

Espalhe o feijão em uma assadeira com borda. Retire quaisquer detritos e grãos quebrados. Transfira o feijão para uma peneira e lave em água fria corrente. Coloque o feijão lavado em uma panela grande e cubra com água fria; deixe de molho por 30 minutos.

Leve para ferver em fogo alto. Reduza o fogo para médio e cozinhe o feijão por 30 minutos. Desligue o fogo, tampe o feijão e deixe descansar por 1 hora. Leve o feijão de volta para ferver em fogo alto. Adicione 2 colheres de chá de sal e alho, reduza o fogo para médio e cozinhe até o feijão ficar macio por 30 a 60 minutos.

Para o arroz:

Aqueça 2 colheres de sopa de óleo em uma panela grande de fundo grosso em fogo médio até brilhar. Adicione 2/3 da cebola e cozinhe, mexendo, até ficar macia e translúcida, cerca de 5 minutos.

Adicione o arroz e cozinhe, mexendo, até que os grãos fiquem brilhantes e revestidos uniformemente com óleo, 2 a 3 minutos. Adicione água ou caldo e 1 1/2 colher de chá de sal, aumente o fogo para alto e deixe ferver. Coloque o pimentão em cima do arroz.

Ferva o arroz sem mexer até que a maior parte do líquido tenha evaporado e você possa ver pequenas bolhas estourando na superfície do arroz. Reduza imediatamente o fogo para a configuração mais baixa, tampe e cozinhe por 15 minutos.

Retire e descarte o pimentão. Afofe o arroz com pauzinhos ou garfo, deixe esfriar e leve à geladeira por 1 dia.

Para o galopinto:

Aqueça as 2 colheres de sopa restantes de óleo em uma panela grande em fogo médio-alto até brilhar. Adicione a cebola restante e cozinhe, mexendo, até ficar macia e translúcida, cerca de 5 minutos.

Adicione o arroz e 2 xícaras de feijão à frigideira e cozinhe, mexendo, até que o arroz esteja uniformemente revestido. Continue a cozinhar, mexendo, para permitir que os sabores se misturem e a mistura fique levemente crocante, cerca de 10 minutos. Cubra e cozinhe em fogo baixo por mais 10 minutos.

68. Molho de feijão e tomate sobre arroz

Porções: 6 porções

INGREDIENTES

1 xícara de feijão carioca, demolhado

2 pimentas Serrano, sem sementes e picadas

½ colher de sopa de gengibre, ralado

1 cada folha de louro

¼ colher de chá de cúrcuma

4 xícaras de água

Estoque de 1⅓ xícara

¼ xícara de coentro

Sal e pimenta

2 colheres de noz-pecã picadas e torradas

2 colheres de azeite

4 tomates, em cubos

1 colher de chá de pimenta em pó

1 colher de sopa de manjerona fresca

1 colher de chá de xarope de bordo

5 xícaras de água

1 ½ xícara de arroz integral

2 Cenouras, raladas

1 cada pau de canela de 3"

½ colher de sopa de azeite

INSTRUÇÕES

Cozinhe o feijão por 1 ½ a 2 horas, até que o feijão esteja macio. Descarte a folha de louro e

MOLHO:

Combine feijão escorrido, pimenta, gengibre, louro, açafrão e água em uma panela grande.

Deixe ferver, reduza o fogo, tampe e cozinhe.

Coloque o feijão, o caldo e o coentro em um processador de alimentos e pulse em um molho grosso. Tempere, adicione as nozes e reaqueça um pouco.

TOMATES:

Misture os tomates, pimenta em pó, manjerona e xarope em uma panela refogue. Tempere com sal e pimenta e frite em fogo moderado até o tomate começar a caramelizar, cerca de 10 minutos. Mantenha aquecido em fogo baixo.

ARROZ:

Ferva a água e misture o arroz, a cenoura e a canela. Cozinhe até que o arroz esteja macio, 10 a 12 minutos se estiver usando arroz branco. Escorra e descarte a canela e enxágue brevemente em água corrente.

Retorne para a panela e regue com azeite.

Para servir, coloque o arroz em pratos quentes, cubra com o molho de feijão e espalhe com os tomates.

69. feijão cajun

Porções: 8

INGREDIENTES

1 saco pequeno de feijão carioca, lavado e colhido

¼ xícara de farinha

¼ xícara de gordura de bacon

1 cebola grande, picada

6 dentes de alho, picados

½ xícara de aipo, picado

1 cada folha de louro

¼ xícara de pimenta em pó

2 colheres de cominho moído

1 lata de tomate com pimenta

Sal a gosto

2 libras jarrete de presunto ou carne de porco salgada

coentro picado

2 xícaras de arroz de grão longo, cozido

INSTRUÇÕES

Escolha através de feijão pinto e lave. Mergulhe 1 saco pequeno de feijão durante a noite em água fria e 1 colher de sopa de bicarbonato de sódio. Lave o feijão e cozinhe por 1 hora. Troque a água e adicione 1 colher de sopa de bicarbonato de sódio novamente. Cozinhe por mais uma ou duas horas e troque a água pela última vez, adicione bicarbonato de sódio e cozinhe até terminar.

Frite $\frac{1}{4}$ xícara de farinha e $\frac{1}{4}$ xícara de gordura de bacon no roux escuro.

Adicione e mexa o seguinte até murchar: 1 cebola grande picada, 5 ou 6 dentes de alho picados, $\frac{1}{2}$ xícara de aipo picado, 1 folha de louro e coentro.

Adicione pimenta em pó, cominho e tomate com pimenta e sal a gosto.

Pode ser cozinhado com presunto ou carne de porco salgada.

Usar este roux adiciona um sabor verdadeiramente excelente ao feijão.

Sirva com arroz de grão longo.

70. Arroz e feijão com queijo

Porções: 5

INGREDIENTES

1⅓ xícara de água

1 xícara de cenoura ralada

1 colher de chá de caldo de galinha instantâneo

¼ colher de chá de sal

15 onças Can Pinto Beans, escorridos

8 onças Iogurte desnatado simples

½ xícara de queijo cheddar magro ralado

⅔ xícara de arroz integral

½ xícara de cebolinha verde fatiada

½ colher de chá de coentro moído

1 colher de chá de molho de pimenta

1 xícara de queijo cottage com baixo teor de gordura

1 colher de sopa de salsa fresca picada

INSTRUÇÕES

Em uma panela grande, misture água, arroz, cenoura, cebolinha, grânulos de caldo de carne, coentro, sal e molho de pimenta engarrafado.

Leve à fervura; reduzir o calor. Tampe e cozinhe por 15 minutos ou até o arroz ficar macio e a água ser absorvida.

Junte o feijão branco ou marinho, o queijo cottage, o iogurte e a salsa.

Colher em uma assadeira de 10x6x2 ".

Asse, coberto, em um forno de 350 graus F. por 20-25 minutos ou até aquecer. Polvilhe com queijo cheddar. Asse, descoberto, por mais 3-5 minutos ou até o queijo derreter.

71. Feijão Pinto e Arroz de Açafrão

Porções: 4

INGREDIENTES

Feijões

3 xícaras de feijão carioca seco

1/2 barra de manteiga

1/3 xícara de banha

1/2 xícara de sofrito

1 cebola grande em cubos

3 litros de água

Arroz

1-1/2 xícara de arroz de grãos longos

3 xícaras de caldo de galinha

1/2 colher de chá de fios de açafrão

1-1/2 colher de chá de sal kosher

1/2 xícara de água

1 colher de manteiga

Molho de Pimenta Vinagre

INSTRUÇÕES

Lave os grãos e remova todos os objetos estranhos, como pedras e grãos podres.

Pique as cebolas.

Adicione a cebola, feijão, sofrito, água e manteiga.

Deixe aquecer por 4 minutos e acrescente a banha.

Cubra e ferva por 15 minutos, mexa, tampe novamente e reduza o fogo pela metade. Cozinhe até o feijão ficar macio e adicione sal.

Derreta a manteiga e acrescente o arroz. Mexa bem e adicione o açafrão, o caldo e a água.

Cozinhe o arroz mexendo de vez em quando e quando os líquidos forem absorvidos tampe e retire do fogo não perturbe por 20 minutos.

Sirva com o feijão sobre o arroz. Adicione o vinagre e o molho de pimenta.

72. Arroz de tempero de taco com feijão carioca

Porções: 6 porções

INGREDIENTES

2 xícaras de água

8 onças de molho de tomate

1 pacote de mistura de tempero para taco

1 xícara de milho

½ xícara de pimentão verde - picado

½ colher de chá de orégano

⅛ colher de chá de alho em pó

1 xícara de arroz integral

16 onças de feijão Pinto, enlatado

INSTRUÇÕES

Em uma panela média, misture todos os ingredientes, exceto o arroz e o feijão.

Leve a mistura para ferver em fogo médio. Junte o arroz e o feijão.

Quando a mistura ferver novamente, mexa, reduza o fogo para médio-baixo, tampe e cozinhe até que a maior parte do líquido tenha cozido, de 45 minutos a 1 hora.

Retire do fogo e reserve tampado por 5 minutos.

Misture bem.

73. Arroz e feijão indiano de abóbora

Porções: 8

INGREDIENTES

1 colher de óleo de canola

1 cebola amarela média; picado

2 dentes de alho; picado

2 xícaras de cubos de abóbora

2 colheres de chá de caril em pó

½ colher de chá de pimenta preta

½ colher de chá de sal

¼ colher de chá de cravo moído

1½ xícara de arroz branco de grãos longos

1 xícara de couve ou espinafre picado grosseiramente

15 onças Feijão pinto cozido; drenado e lavado

INSTRUÇÕES

Em uma panela grande aqueça o azeite em fogo médio.

Adicione a cebola e o alho e refogue, mexendo, por 5 minutos até a cebola ficar translúcida. Junte a abóbora, o curry, a pimenta, o sal e o cravo e cozinhe por mais 1 minuto.

Adicione 3 xícaras de água e o arroz, tampe e deixe ferver. Cozinhe em fogo médio-baixo por cerca de 15 minutos.

Junte a couve e o feijão e cozinhe por mais 5 minutos.

Afofe o arroz e desligue o fogo. Deixe descansar por 10 a 15 minutos antes de servir.

74. Feijão de cowboy mexicano

Porções: 6

INGREDIENTES

½ libra de feijão Pinto, seco
1 cebola, branca, grande
3 dentes de alho, esmagado
2 ramos de coentro
¼ xícara de caldo de legumes ou água
6 onças. chouriço vegano
2 pimentas serranas picadas
1 tomate, grande, em cubos

INSTRUÇÕES

Deixe o feijão de molho na água durante a noite.
No dia seguinte, coe-os e coloque-os em uma panela grande.
Despeje água suficiente na panela para encher ¾ do caminho.
Corte sua cebola ao meio. Coloque ½ cebola, raminhos de coentro e 3 dentes de alho na panela com o feijão. Reserve a outra metade da cebola.
Leve a água para ferver e deixe o feijão cozinhar até ficar quase macio, aproximadamente 1 hora e meia.
Enquanto o feijão estiver cozinhando, aqueça uma panela grande para refogar em fogo médio-alto. Adicione o chouriço e refogue até dourar ligeiramente cerca de 4 minutos. Enquanto o chouriço cozinha, pique a outra metade da cebola.
Retire o chouriço da panela e reserve. Adicione ¼ xícara de água, cebola em cubos e pimentas Serrano na frigideira. Refogue a cebola e os pimentões até ficarem macios e translúcidos cerca de 4 a 5 minutos. Adicione o tomate e deixe cozinhar por mais

7-8 minutos ou até que o tomate se desmanche e libere todos os seus sucos.

Adicione esta mistura e o chouriço à panela de feijão e deixe ferver por mais 20 minutos ou até que o feijão esteja completamente macio. Tempere a gosto com sal e pimenta.

Antes de servir, retire a meia cebola, o raminho de coentro e os dentes de alho do feijão. Tempere com sal e pimenta

75. Festa do Caribe

INGREDIENTES

JACK FRUIT

3 latas de Young Jack Fruit em salmoura, escorridas e cortadas em cubos
1 colher de óleo de coco
3 cebolinhas, cortadas em fatias finas
3 dentes de alho, picados
1/2 Chili Scotch Bonnet
Pedaço de gengibre do tamanho de um polegar, picado
1 Pimentão Amarelo, sem sementes e em cubos
1 xícara/200g de feijão carioca enlatado
1 colher de sopa de All Spice
2 colheres de chá de canela em pó
3 colheres de sopa de molho de soja
5 colheres de sopa de purê de tomate
4 colheres de açúcar de coco
1 xícara/240ml de suco de abacaxi
Suco de 1 limão
1 colher de sopa de folhas de tomilho fresco
2 colheres de chá de sal marinho
1 colher de chá de pimenta preta rachada

ARROZ E ERVILHAS

1 lata de feijão, líquido reservado
1 lata de leite de coco
3 colheres de tomilho fresco

Pique sal marinho e pimenta preta
1 e 1/2 xícaras/340g de Arroz de Grão Longo, enxaguado
Caldo de legumes, se necessário.

BANANA FRITA

2 bananas-da-terra descascadas e cortadas em discos de cm
2 colheres de sopa de óleo de coco Vita Coca
2 colheres de açúcar de coco
Pimenta Sal e Pimenta

SALADA DE MANGA

1/2 manga fresca, descascada e em cubos
1 colher de chá de pimenta fresca, bem picada
Punhado Coentro Fresco
Suco de meio limão
Salada Mista Fresca

INSTRUÇÕES

Primeiro coloque uma caçarola grande ou frigideira em fogo médio. Adicione o óleo de coco seguido da cebola, alho, gengibre, pimenta e pimenta amarela. Deixe a mistura amolecer por 3 minutos antes de adicionar as especiarias e cozinhar por mais 2 minutos. Adicione uma pitada de tempero.

Adicione a jaca à panela e mexa bem, cozinhe a mistura por 3-4 minutos.

Em seguida, adicione o açúcar de coco e o feijão. Continue mexendo e adicione o molho de soja, o purê de tomate e o suco de abacaxi. Abaixe o fogo e adicione o suco de limão e algumas folhas de tomilho frescas picadas.

Coloque a tampa e deixe a jaca cozinhar por cerca de 12 a 15 minutos.

Para o arroz, coloque os ingredientes em uma panela e feche a tampa. coloque a panela em fogo baixo e deixe o arroz absorver todo o líquido até ficar leve e fofo. isso deve levar de 10 a 12 minutos. se o arroz ficar muito seco antes de cozinhar, adicione um pouco de água ou caldo de legumes.

em seguida, é a banana. pré-aqueça uma frigideira antiaderente em fogo médio e adicione o óleo de coco, quando estiver quente, adicione as fatias de banana e cozinhe em ambos os lados por 3-4 minutos até caramelizar e dourar. tempere com açúcar de coco, sal e pimenta.

Para a salada, basta misturar todos os ingredientes em uma tigela pequena.

sirva tudo junto, aproveite.

76. Jaca e feijão jamaicano com arroz

Tempo de preparo: 10 minutos

Tempo de cozimento: 25 minutos

Porções: 2

INGREDIENTES

1 cebola

2 dentes de alho

1 pimenta

2 tomates de videira

2 colheres de chá de tempero jamaicano

400g lata de feijão

400g lata de jaca

200ml de leite de coco

150g de arroz branco de grão longo

50g de espinafre baby leaf

Sal marinho

Pimenta recém-moída

1 colher de azeite

300ml de água fervente

INSTRUÇÕES

Descasque e pique finamente a cebola. Descasque e rale os dentes de alho. Corte o pimentão ao meio, retirando as sementes e a membrana para menos calor, e pique finamente. Pique grosseiramente os tomates.

Despeje 1 colher de sopa de óleo em uma panela grande e leve ao fogo médio. Coloque as cebolas e uma boa pitada de sal e pimenta. Frite por 4-5 minutos, mexendo ocasionalmente, até ficar macio e levemente colorido. Junte o alho, a pimenta e 2 colheres de chá de tempero jamaicano e continue fritando por mais 2 minutos

Despeje os tomates picados na panela. Escorra o feijão e a jaca e adicione-os à panela. Despeje o leite de coco. Misture bem e deixe ferver, cubra parcialmente com uma tampa e cozinhe lentamente por 20 minutos. Durante o tempo de cozimento, use uma colher de pau de vez em quando para quebrar um pouco os pedaços de jaca.

Passe o arroz em uma peneira e lave-o bem em água fria. Despeje em uma panela pequena e adicione 300ml de água fervente e uma pitada de sal. Coloque uma tampa e leve para ferver, depois vire para a direita e cozinhe muito suavemente por 8 minutos, até que toda a água seja absorvida. Retire o arroz do fogo e deixe cozinhar na panela, tampado, por 10 minutos

Misture o espinafre com a jaca e o feijão até murchar. Experimente o molho e adicione mais sal, se necessário.

Coloque o arroz em duas tigelas fundas e cubra com conchas generosas de curry de jaca e sirva.

77. Pilaf de arroz com feijão, frutas e nozes

Tempo de preparo: 10 minutos

Tempo de cozimento: 45 minutos

INGREDIENTES

1 1/2 xícaras de arroz de grãos longos

1 colher de óleo vegetal neutro

1 cebola média, finamente picada

1 a 2 pimentas malaguetas frescas pequenas, cortadas em fatias

2/3 xícara de passas ou cranberries secas, ou uma combinação

1/3 xícara de feijão carioca cozido

1/3 xícara de damascos secos picados

1/4 colher de chá de açafrão

1/2 colher de chá de canela

1/4 colher de chá de noz-moscada moída ou fresca

1/2 colher de chá de manjericão seco

1/4 xícara de suco de laranja

2 colheres de chá de néctar de agave

1 a 2 colheres de sopa de suco de limão ou lima, a gosto

1/2 xícara de castanha de caju torrada

Sal e pimenta do reino moída a gosto

INSTRUÇÕES

Misture o arroz com 4 xícaras de água em uma panela. Deixe ferver suavemente, abaixe o fogo, tampe e cozinhe suavemente por 30 minutos, ou até que a água seja absorvida.

Quando o arroz estiver pronto, aqueça o azeite em uma frigideira grande. Adicione a cebola e a pimenta e refogue em fogo médio até dourar.

Misture o arroz e todos os ingredientes restantes, exceto as nozes, sal e pimenta. cozinhe em fogo baixo, mexendo sempre, por cerca de 8 a 10 minutos, permitindo que os sabores se misturem.

Junte as nozes, tempere com sal e pimenta e sirva.

78. Feijão e arroz cha cha cha tigela

Porções: 6

INGREDIENTES

2 colheres de azeite

2 dentes de alho, picados

1 xícara de cebola fatiada

1 xícara de aipo descascado e fatiado

1 xícara de cenoura fatiada

1 colher de chá de pimenta em pó

¼ xícara de pimenta verde em cubos enlatada

1 libra de feijão carioca

2 xícaras de feijão preto cozido

¼ Cebola, cortada grosseiramente

1 Gordura 263 Calorias

2 xícaras de cogumelos fatiados

½ xícara Reserve o caldo de feijão

2 colheres de coentro picado

Sal e pimenta a gosto

3 xícaras de arroz integral cozido

1 colher de suco de limão

2 colheres de chá de sal ou a gosto

INGREDIENTES

Em uma panela grande e funda, aqueça o azeite e refogue o alho, a cebola, o aipo, a cenoura e a pimenta em pó, até a cebola ficar translúcida.

Adicione os pimentões e os cogumelos e refogue por mais 5 minutos.

Junte o feijão, o caldo de feijão e o coentro. Tempere a gosto.

Tampe e cozinhe em fogo baixo por cerca de 10 minutos, mexendo de vez em quando.

Sirva sobre o arroz.

79. Refogado de nabo com feijão

Tempo de preparo: 10 minutos

Tempo de cozimento: 20 minutos

Porções: 2 pessoas

INGREDIENTES

1 colher de azeite

2 nabos roxos - esfregados, aparados e picados

3 xícaras de espinafre

1 15,5 onças. pode feijão pinto - escorrido e enxaguado

1 colher de sopa de gengibre fresco - finamente picado

2 dentes de alho - prensado ou picado

1 colher de mel

1 colher de sopa de vinagre de arroz

2 colheres de sopa de molho de soja com baixo teor de sódio

1 xícara de arroz de grãos longos - cozido, para servir

INSTRUÇÕES

Se você precisar preparar arroz ou grãos integrais para a refeição, comece antes de fazer o refogado.

Aqueça o azeite em uma frigideira grande em fogo médio. Adicione os nabos e cozinhe, mexendo/virando ocasionalmente, por 8-12 minutos ou até dourar levemente e ficar macio.

Enquanto os nabos cozinham, misture o gengibre, o alho, o mel, o vinagre de arroz e o molho de soja em uma tigela pequena. Adicione o espinafre, feijão e molho à frigideira. Cozinhe por 4-6 minutos, ou até que o espinafre esteja murcho e o refogado seja aquecido.

Sirva quente sobre o arroz.

80. Arroz com cordeiro, endro e feijão

Porções: 8 porções

INGREDIENTES

2 colheres de manteiga

1 cebola média; descascado e cortado em fatias de 1/4 de polegada de espessura

3 libras de ombro de cordeiro desossado, em cubos

3 xícaras de água

1 colher de sal

2 xícaras de arroz branco de grão longo cru, embebido e escorrido

4 xícaras de endro fresco; finamente cortado

2 dez onças. Feijão carioca

8 colheres de manteiga; derretido

$\frac{1}{4}$ colher de chá de fios de açafrão; pulverizado e dissolvido em 1 colher de sopa. água morna

INSTRUÇÕES

Em uma caçarola pesada de 3 a 4 litros, com uma tampa bem ajustada, derreta as 2 colheres de sopa de manteiga em fogo moderado.

Quando a espuma começar a diminuir, adicione as cebolas e, mexendo sempre, cozinhe por cerca de 10 minutos, ou até que as fatias estejam bem douradas. Com uma escumadeira, transfira-os para um prato.

Meia dúzia de pedaços de cada vez, doure os cubos de cordeiro na gordura que resta na caçarola, virando-os com uma pinça ou uma colher e regulando o calor para que corem profundamente e uniformemente sem queimar. À medida que douram, transfira os cubos de cordeiro para o prato com as cebolas.

Despeje as 3 xícaras de água na caçarola e deixe ferver em fogo alto, enquanto isso, raspando as partículas marrons grudadas no fundo e nas laterais da panela. Retorne o cordeiro e a cebola para a caçarola, adicione o sal e reduza o fogo para baixo.

Cubra bem e cozinhe por cerca de 1 hora e 15 minutos, ou até que o cordeiro esteja macio e não apresente resistência ao ser perfurado com a ponta de uma faca pequena e afiada. Transfira o cordeiro, as cebolas e todo o líquido do cozimento para uma tigela grande e reserve a caçarola.

Pré-aqueça o forno a 350 graus. Leve 6 xícaras de água para ferver em uma panela de 5 a 6 litros. Despeje o arroz em um fluxo lento e fino para que a água não pare de ferver. Mexa uma ou duas vezes, ferva rapidamente por 5 minutos, retire a panela do fogo, misture o endro e o feijão e escorra em uma peneira fina.

Deite cerca de metade da mistura de arroz na caçarola e humedeça-a com «uma chávena do líquido da cozedura do borrego. Em seguida, com uma espátula ou colher, espalhe a mistura de arroz nas bordas da panela.

Com uma escumadeira, volte o cordeiro e as cebolas para a caçarola e alise-os sobre o arroz.

Em seguida, espalhe a mistura de arroz restante por cima. Combine 2 colheres de sopa de manteiga derretida com 6 colheres de sopa de caldo de cordeiro e despeje sobre o arroz. Leve a caçarola para ferver em fogo alto.

Cubra bem e leve ao forno médio por 30 a 40 minutos, ou até que o feijão esteja macio e o arroz tenha absorvido todo o líquido da caçarola.

Para servir, coloque cerca de uma xícara da mistura de arroz em uma tigela pequena, adicione o açafrão dissolvido e mexa até que o arroz fique amarelo brilhante.

Espalhe cerca de metade do arroz restante em uma travessa aquecida e disponha o cordeiro sobre ele. Cubra o cordeiro com o restante da mistura de arroz simples e decore com o arroz de açafrão. Despeje as 6 colheres restantes de manteiga derretida por cima.

81. Feijão Pinto Queijo

Tempo de preparo: 10 minutos

Tempo de cozimento: 10 minutos

Porções: 4

INGREDIENTES

2 dentes de alho

1 jalapeño

1 colher de óleo de cozinha

2 15 onças. latas de feijão

1/4 colher de chá de páprica defumada

1/4 colher de chá de cominho moído

1/8 colher de chá de pimenta preta recém rachada

2 pitadas de molho picante

1/2 xícara de queijo cheddar ralado

2 porções de arroz de grão longo, cozido

INSTRUÇÕES

Pique o alho e pique finamente o jalapeño.

Adicione o alho, jalapeño e óleo de cozinha em uma panela. Refogue o alho e o jalapeño em fogo médio por cerca de um minuto, ou apenas até o alho ficar bem perfumado.

Adicione uma lata de feijão no liquidificador, com o líquido na lata, e bata até ficar homogêneo.

Adicione o purê de feijão e a segunda lata de feijão à panela com o alho e o jalapeño. Mexa para combinar.

Tempere o feijão com páprica defumada, cominho, pimenta e molho picante. Mexa para combinar e, em seguida, aqueça em fogo médio, mexendo ocasionalmente.

Por fim, adicione o cheddar ralado e mexa até derreter suavemente no feijão. Prove o feijão e ajuste o tempero ao seu gosto. Sirva com arroz ou com a sua refeição preferida.

82. Arroz e feijão com pesto de manjericão

Porções: 4 Porções

INGREDIENTES

Spray para cozinhar vegetais

1 xícara de cebola picada

1 xícara de arroz integral cru

13 ¾ onça lata de caldo de galinha sem sal

1 xícara de tomate sem pele picado

¼ xícara de molho pesto de manjericão comercial

16 onças de feijão pinto

INSTRUÇÕES

Unte uma frigideira grande com spray de cozinha e coloque em fogo médio-alto até ficar quente.

Adicione a cebola; refogue por 2 minutos. Adicione o arroz e o caldo; leve para ferver.

Reduza o fogo e cozinhe, descoberto, por 15 minutos ou até que o arroz esteja pronto e o líquido seja absorvido.

Junte o tomate, o molho pesto e o feijão; cozinhe por 2 minutos ou até ficar bem aquecido.

83. Fraldinha com feijão e arroz

Porções: 6 porções

INGREDIENTES

1 ½ quilo de bife de fraldinha

3 colheres de óleo vegetal

2 folhas de louro

5 xícaras de caldo de carne

4 colheres de azeite

2 Cebolas; picado

6 dentes de alho; picado

1 colher de sopa de orégano seco

1 colher de sopa de cominho moído

2 Tomates; semeado, picado

Sal; provar

Pimenta preta moída na hora; provar

Feijão carioca

Arroz branco de grão longo cozido

2 colheres de óleo vegetal

6 ovos

INSTRUÇÕES

Tempere o bife com sal e pimenta. Aqueça o óleo vegetal em uma frigideira grande e pesada em fogo alto. Adicione o bife e cozinhe até dourar de todos os lados. Adicione as folhas de louro e o caldo.

Reduza o fogo e cozinhe até que o bife esteja bem macio, virando ocasionalmente por cerca de 2 horas.

Retire do fogo e deixe a carne esfriar no caldo. Retire a carne do caldo e desfie. Reserve 1 xícara do líquido do cozimento; reserve o restante líquido de cozimento para outro uso. Aqueça o azeite em uma frigideira grande e pesada em fogo médio-alto. Adicione a cebola e refogue até dourar.

Adicione o alho, orégano, cominho e refogue até perfumar. Adicione os tomates e continue cozinhando até que a maior parte do líquido evapore.

Adicione a carne desfiada e 1 xícara do líquido de cozimento reservado. Tempere a gosto com sal e pimenta. Arrume a carne, o arroz e o feijão em uma travessa retangular em três fileiras com o arroz no centro.

Aqueça o óleo vegetal em uma frigideira grande e pesada em fogo médio. Quebre os ovos na frigideira. Frite até ficar macio. Sirva sobre feijão, carne e arroz.

84. Arroz e Feijão Africano

Tempo de preparo: 15 minutos

Tempo de cozimento: 35 minutos

Porções: 6

INGREDIENTES

½ xícara de óleo vermelho/palma/ou canola

2-3 dentes de alho picados

1 cebola média em cubos

1 colher de sopa de páprica defumada

1 colher de chá de tomilho seco

½ pimenta escocesa ou ½ colher de chá de pimenta caiena

4 tomates em cubos

2 xícaras de arroz de grão longo lavado

2 xícaras de feijão cozido

4 1/2 - 5 xícaras de caldo de galinha ou água

1 colher de sopa de sal ou mais a gosto

1/4 xícara de lagosta

1 colher de chá de caldo de galinha

INSTRUÇÕES

Aqueça uma panela com azeite. Em seguida, adicione cebola, alho, tomilho, páprica defumada e pimenta, refogue por cerca de um minuto e adicione os tomates. Cozinhe por cerca de 5-7 minutos.

Misture o arroz na panela; continue mexendo por cerca de 2 minutos.

Em seguida, adicione o feijão, 4 1/2 xícaras de caldo de galinha / água, deixe ferver, reduza o fogo e cozinhe até que o arroz esteja cozido, cerca de 18 minutos ou mais. Ajuste para sal e pimenta. Você tem que mexer ocasionalmente para evitar queimaduras.

Sirva quente com frango, ensopado ou legumes

85. Salada de alfarroba, feijão carioca e arroz

Porções: 6 porções

INGREDIENTES

¾ xícara de feijão carioca seco

1 ½ xícara de folhas de Tumbleweed ou endívias ou erva-doce, bem lavadas e escorridas

1 ½ xícara de arroz branco de grão longo cozido

¾ xícara de óleo de girassol

3 colheres de sopa de vinagre de vinho tinto aromatizado com ervas

2 colheres de cebolinha fresca picada

2 dentes de alho pequenos, descascados

¼ colher de chá de pimenta preta

⅛ colher de chá de sal

Cebolinha em flor para decorar

INSTRUÇÕES

Mergulhe o feijão durante a noite em água para cobri-lo. De manhã, escorra os grãos, lave-os em água corrente fria e coloque-os em uma panela com água fresca até cobri-los.

Deixe ferver em fogo alto, reduza o fogo e cozinhe por várias horas até que os grãos estejam macios e as peles comecem a se dividir.

Adicione água quando necessário para evitar que os grãos sequem e mexa de vez em quando para evitar que queimem e grudem. Retire do fogo, escorra e deixe esfriar.

Em uma tigela, misture as verduras, o feijão e o arroz. Cubra e leve à geladeira por pelo menos 30 minutos.

No liquidificador, misture o azeite, o vinagre, a cebolinha, o alho, a pimenta e o sal. Bata em velocidade alta até que a cebolinha e o alho fiquem bem purê.

Despeje o molho sobre a salada, misture e decore com flores de cebolinha.

86. Salada de feijão, arroz e legumes

Tempo de preparo: 15 minutos

Tempo de cozimento: 15 minutos

Porções: 4

INGREDIENTES

2 xícaras de água

1 xícara de arroz integral cru

lata de 15 onças de feijão pinto, lavado e escorrido

1 pimentão vermelho

1 pimentão amarelo

5 cebolinhas verdes

$\frac{1}{4}$ xícara de azeite

$\frac{1}{4}$ xícara de vinagre de maçã

1 colher de sopa de mostarda Dijon

1 colher de chá de cominho moído

1 dente de alho grande

$\frac{3}{4}$ colher de chá de sal kosher

$\frac{1}{4}$ colher de chá de pimenta preta moída na hora

INSTRUÇÕES

Despeje 2 xícaras de água em uma panela média. Deixe ferver, em seguida, adicione o arroz cru, mexa para combinar e volte a ferver. Tampe a panela e reduza o fogo o mais baixo possível.

Cozinhe sem abrir a tampa por 15 minutos, até que o arroz esteja macio e a água seja absorvida.

Pique finamente os pimentões. Corte a cebolinha verde em fatias finas. Pique o alho.

Em uma tigela grande, misture o arroz cozido, feijão, pimentão vermelho e amarelo picado e cebolinha e misture.

Em uma tigela pequena ou copo medidor, misture o azeite, o vinagre de maçã, a mostarda, o cominho, o alho, o sal e a pimenta preta, bata bem para combinar e despeje sobre a mistura de arroz.

Misture delicadamente para revestir e sirva imediatamente ou mantenha refrigerado por até 3 dias.

87. Salada de Edamame e Feijão Pinto

Tempo de preparo: 30 minutos

Tempo de cozimento: 10 minutos

PORÇÕES: 6

INGREDIENTES

PARA O VESTIDO

1/2 xícara de vinagre de cidra

1/4 xícara de azeite

1 1/2 colheres de chá de cominho

1 colher de chá de alho fresco picado

Sal e pimenta a gosto

PARA A SALADA

3 xícaras de arroz de grão longo cozido, resfriado

2 xícaras de feijão edamame

1 onças. pode feijão

3/4 xícara de pimentão vermelho em cubos finos

3/4 xícara de coentro fresco picado grosseiramente

Sal e pimenta a gosto

INSTRUÇÕES

Em uma tigela com um batedor, misture o azeite, o vinagre, o alho e o cominho. Bata até misturar bem, prove e tempere com sal e pimenta. Deixou de lado.

Em uma tigela grande separada, adicione o arroz cozido, feijão edamame, pimenta picada e feijão.

Misture e tempere com sal e pimenta. Adicione o coentro picado.

Não adicione o molho imediatamente antes de servir. Adicione cerca de metade no início e prove.

Misture bem e sirva em uma tigela grande, decorada com mais folhas de coentro.

88. Salada de arroz e feijão com crudité picadinho

Porções: 4

INGREDIENTES

1¼ xícara de arroz de grão longo cozido

1 xícara de feijão carioca cozido - lavado e escorrido

2 colheres de sopa de nozes picadas - torradas

2 colheres de sopa de pimentão vermelho picado

2 colheres de sopa de cebola roxa picada

3 colheres de sopa de coentro fresco picado

3 colheres de sopa de pimenta verde em cubos

⅓ xícara de Cenoura – picada

⅓ xícara de floretes de brócolis – picados

⅓ xícara de floretes de couve-flor, picados

Sal e pimenta - moído na hora

2 xícaras de alface americana – ralada

3 colheres de sopa de salada italiana sem gordura

INSTRUÇÕES

Cozinhe o feijão, com um enfeite de talo de aipo, pedaço de cenoura e talo de erva-doce. Lave, escorra, resfrie.

Cerca de duas a três horas antes de servir, misture o arroz e o feijão refrigerados em uma tigela grande. Descasque uma cenoura e corte-a em pedaços de 1 polegada.

Pique finamente, juntamente com 5 a 6 floretes de brócolis e couve-flor, em um processador de alimentos. Adicione à tigela e misture.

Asse os pedaços de nozes por cerca de 4 minutos em fogo médio. Retire do fogo. Deixe esfriar e adicione à salada.

Pique à mão a cebola, o pimentão vermelho e as folhas de coentro fresco. Pique as pimentas em conserva.

Junte à salada e misture bem. Prove e tempere com sal e pimenta. Atire bem.

Adicione 3 colheres de sopa de molho de salada. Sorteio. Frio. Sirva sobre uma cama de alface finamente ralada.

89. Gumbo de feijão e arroz

Tempo de preparo 5 minutos

Tempo de cozimento 20 minutos

Porções: 4

INGREDIENTES

2 xícaras de frango cozido e em cubos

1 xícara de arroz de grão longo, cozido

2 latas de 15 onças de feijão pinto, escorrido

4 xícaras de caldo de galinha

2 colheres de sopa de mistura de tempero para taco

1 xícara de molho de tomate

Coberturas:

Queijo ralado

salsa

coentro picado

Cebola picada

INSTRUÇÕES

Coloque todos os ingredientes em uma panela média. Mexa suavemente.

Cozinhe em fogo médio, fervendo por cerca de 20 minutos, mexendo de vez em quando.

Sirva com coberturas.

90. Chili com Carne

INGREDIENTES

500g de carne moída/picada
1 cebola grande picada
3 dentes de alho
2 (15 onças cada) lata de tomate picado
Uma pitada de purê de tomate
1 colher de chá de pimenta em pó
1 colher de chá de cominho moído
pitada de molho Worcester
Sal e pimenta
1 pimentão vermelho picado
Lata de 15 onças de feijão escorrido
Arroz de grão longo cozido, para servir

INSTRUÇÕES

Frite a cebola em uma panela quente com óleo até quase dourar, em seguida, adicione o alho picado
Adicione a carne moída e mexa até dourar; drenar qualquer excesso de gordura, se desejar
Adicione todas as especiarias secas e temperos, em seguida, reduza o fogo e adicione os tomates picados
Mexa bem e adicione o purê de tomate e o molho inglês e deixe ferver por cerca de uma hora.
Adicione a pimenta vermelha picada e continue a ferver por 5 minutos, em seguida, adicione a lata de feijão escorrido e cozinhe por mais 5 minutos.
Sirva com arroz de grão longo.

91. Gumbo de arroz vegano

Tempo de preparo: 5 minutos

Tempo de cozimento: 25 minutos

Porções: 4

INGREDIENTES

4 talos grandes de aipo

3 cenouras grandes

1 cebola média

1 colher de chá de tomilho seco

1 colher de chá de salsa seca

1 colher de chá de alho em pó

1 colher de chá de sal

1/2 colher de chá de sálvia moída

1 colher de sopa de aminos de coco

4 xícaras de caldo de legumes

2 xícaras de água

2/3 xícara de arroz branco de grãos longos

1 lata de feijão fradinho

INSTRUÇÕES

Corte ou pique os legumes em pedaços pequenos.

Adicione uma panela grande ao fogão e ligue o fogo médio. Pulverize o fundo da panela com óleo de abacate ou spray de azeite. Adicione vegetais.

Cozinhe os legumes por 3-4 minutos.

Após 3-4 minutos, adicione especiarias, folha de louro e aminoácidos de coco. Mexa e cozinhe por mais 1-2 minutos.

Enquanto os legumes cozinham, lave bem o arroz.

Adicione 1/2 xícara de caldo de legumes e raspe o fundo/lateral da panela, removendo os pedaços marrons do fundo.

Adicione o restante do caldo, água e arroz à panela. Mexa e tampe. Aumente o fogo para alto.

Quando o Gumbo ferver, abaixe o fogo e cozinhe por 15 minutos.

Enquanto o Gumbo cozinha, lave e escorra o feijão. E adicione-os ao Gumbo.

Imediatamente antes de servir, retire as folhas de louro. Servir quente.

92. Burritos de feijão e arroz

Porções: 10 porções

INGREDIENTES

1 lata de feijão Pinto

1 xícara de arroz integral; cozinhou

½ xícara de Cebola; congelado, picado

½ xícara de pimentão; congelado, picado

½ xícara de milho; congeladas

Pimenta em pó; traço

Alface, picada

1 molho de cebolinha; picado

Cominho; traço

Pó de alho; traço

¾ xícara de água

Salsa, sem óleo, baixo teor de sódio

10 tortilhas, trigo integral

1 Tomate; picado

INSTRUÇÕES

Refogue a cebola congelada e o pimentão verde em algumas colheres de água em uma frigideira.

Escorra e lave os grãos e coloque-os em uma frigideira e amasse com um espremedor de batatas. Adicione o arroz cozido, o milho, as especiarias e a água. Aqueça de 5 a 10 minutos até que a maior parte da água seja absorvida, mexendo ocasionalmente.

Aqueça as tortilhas rapidamente em uma frigideira pré-aquecida, torradeira ou micro-ondas.

Coloque uma linha de mistura de feijão no meio de cada tortilha e adicione uma colher de chá de salsa e qualquer uma das outras coberturas, conforme desejado.

Dobre $\frac{1}{2}$ polegada de cada lado, dobre a borda superior e enrole em um burrito. Sirva imediatamente, coberto com salsa adicional, se desejar.

93. Enroladinhos de Arroz e Feijão

Porções: 6

Ptempo de reparação: 20 minutos

Tempo de cozimento: 55 minutos

INGREDIENTES

1 1/2 xícaras de salsa

1 xícara de arroz integral cozido

2 tomates Roma médios, picados

1 pimentão pequeno, cortado em pedaços de 1,2 cm

1 lata de feijão carioca, não escorrido

1 lata de milho integral, escorrido

6 tortilhas de farinha com sabor de vegetais

1 xícara de mistura de queijo mexicano ralado

INSTRUÇÕES

Aqueça o forno a 350 º F. Espalhe 1/2 xícara da salsa em uma assadeira retangular não untada, 13x9x2 polegadas.

Misture o arroz, o tomate, o pimentão, o feijão e o milho. Espalhe cerca de 1 xícara de mistura de arroz em cada tortilha; enrole a tortilha. Coloque os lados da costura para baixo na salsa na assadeira. Colher o restante 1 xícara de salsa sobre tortilhas. Polvilhe com queijo.

Cubra e leve ao forno por 30 a 35 minutos ou até aquecer e o queijo derreter.

Para mais tempero, use as novas tortilhas com sabor de jalapeño ou coentro disponíveis no supermercado.

94. Flautas de Feijão Pinto Cozido com Tortilla de Farinha de Arroz

Tempo de preparo: 25 minutos

Tempo de cozimento: 15 minutos

Porções: 25 flautas

INGREDIENTES

1/2 xícara de cebola roxa

1/2 xícara de cebola branca

2 colheres de óleo de abacate

1 pimentão grande em cubos

2 xícaras de feijão fradinho

1,5 xícaras de grão de bico

1 lata de feijão carioca, escorrido e lavado

1/4-1/2 xícara de salsa verde

1 colher de sopa de pimenta em pó

1 colher de alho em pó

1 colheres de cominho

1/8 colher de chá de pimenta caiena ou páprica

1/8 colher de chá de orégano

sal, a gosto

2-3 colheres de sopa de coentro fresco picado

2-4 xícaras de seus queijos mexicanos favoritos, ralados

25-30 tortilhas pequenas de farinha de arroz

INSTRUÇÕES

Pré-aqueça o forno a 385 graus F.

Refogue a cebola em um pouco de óleo [2 colheres de sopa] para amolecer.

Em seguida, misture o pimentão, o feijão e a salsa em uma tigela grande.

Adicione as cebolas à mistura e tempere com pimenta em pó, alho em pó, cominho, coentro, sal, pimenta de Caiena e orégano.

Em seguida, enrole uma pequena pilha de tortilhas de milho [4-5] em uma toalha de papel úmida e leve ao microondas em potência alta por 30 segundos. Siga-o com mais 30 segundos.

Depois de cozido no vapor, borrife ou esfregue um lado da tortilha com óleo e adicione uma fina camada de recheio de vegetais verticalmente ao longo do centro do lado oposto [sem óleo] da tortilha. Cubra com uma camada de queijo [tanto ou tão pouco quanto você quiser!] e enrole suavemente a tortilha.

dica: suas tortilhas cozidas no vapor naturalmente começarão a enrolar umas nas outras na pilha. Esta é uma vantagem total, pois eles naturalmente querem rolar! Quando você desembrulhar suas tortilhas da toalha de papel, unte o lado voltado para cima e coloque o recheio no lado que está enrolando para dentro. Viola!

Sele cada flauta com dois palitos de dente e coloque em uma grade de cozimento / resfriamento de arame. Repita essas etapas até que você tenha um rack cheio de flautas.

Coloque-os em uma gradinha em uma assadeira forrada com papel alumínio. A grelha eleva as flautas e permite que fiquem crocantes dos dois lados.

Polvilhe o produto acabado com uma pitada de alho em pó e pimenta caiena.

Asse no rack do meio, a 385F, por aproximadamente 15-18 minutos. No final, coloque o forno para grelhar em ALTO por pouco menos de um minuto para crocante as tortilhas em uma casca perfeitamente dourada e crocante.

95. Enchiladas de arroz e feijão com molho vermelho

Porções: 12 porções

INGREDIENTES

12 tortilhas de farinha de 9 polegadas; sem gordura

O PREENCHIMENTO

1 colher de óleo de canola

2 Cebolas; picado

6 dentes de alho; picado

16 onças de molho de tomate

1 colher de sopa de pimenta em pó

½ colher de chá de flocos de pimenta vermelha; esmagado

2 colheres de chá de cominho moído

2 colheres de sal

5 xícaras de arroz cozido

3 quilos de feijão cozido

Água; como necessário

⅔ xícara de azeitonas pretas sem caroço; picado

8 onças de queijo cheddar afiado; Grato

½ maço de folhas de coentro picadas

INSTRUÇÕES

Em uma frigideira grande antiaderente ou frigideira antiaderente, aqueça o óleo. Adicione a cebola e o alho e cozinhe até ficarem macios. Adicione o molho de tomate, pimenta em pó, flocos de pimenta, cominho e sal. Cozinhe lentamente, descoberto, por 15 minutos para misturar os sabores.

Adicione metade da mistura de tomate ao feijão cozido na tigela. Mexa para misturar. Adicione o arroz cozido à metade restante da mistura de tomate.

Pré-aqueça o forno a 350F.

Unte levemente uma assadeira grande. Coloque uma fina camada de Molho Vermelho, no fundo da assadeira.

Dividindo o recheio em 12 formas, coloque feijão temperado, arroz temperado, azeitonas picadas, queijo e coentro em cada tortilha.

Enrole bem e coloque, com a costura para baixo, em uma única camada em uma assadeira.

Cubra com o molho vermelho restante. Cubra com pergaminho ou papel manteiga e cubra bem com papel alumínio. Asse em forno pré-aquecido por 60 minutos. Retire o papel alumínio e o papel, polvilhe com 2 oz. de queijo reservado e asse por mais 15 minutos.

Sirva com Salsa Verde Fresca.

96. Quesadillas de Arroz e Feijão

Tempo total: 20 minutos

Porções: 4-6

INGREDIENTES

1 colher de chá de azeite -

1 xícara de arroz integral cozido

lata de 15 onças de feijão pinto, escorrido e enxaguado

1 colher de chá de cominho

1 colher de chá de páprica

3/4 colher de chá de alho em pó

1/2 colher de chá de cebola em pó

4-6 tortilhas

Queijo Cheddar Afiado

INSTRUÇÕES

Aqueça uma panela grande em fogo médio e adicione azeite, arroz, feijão e especiarias. Cozinhe até aquecer, cerca de 3 minutos.

Coloque sua tortilha em uma tábua de corte e polvilhe metade com um pequeno punhado de queijo 1/4 - 1/3 xícara e, em seguida, cubra com uma quantidade igual de mistura de arroz e feijão.

Dobre a tortilha e coloque em uma assadeira levemente untada. Cozinhe a quesadilla até que o queijo derreta e cada lado da tortilha fique dourado, virando uma vez.

Deixe as quesadillas esfriarem por alguns minutos antes de cortar.

97. Bolo peruano de tacu tacu

Tempo total: 35 minutos

PORÇÕES: 2-4 porções

INGREDIENTES

PARA A SALSA CRIOLA

1/2 cebola roxa pequena, em fatias finas

2 colheres de sopa de folhas de coentro frescas picadas

2 colheres de sopa de suco de limão fresco

1/4 colher de chá de pasta de aji Amarillo

1/4 colher de chá de sal kosher

PARA O TACU TACU

3 colheres de sopa de óleo de semente de uva ou cártamo

1/2 cebola roxa pequena, picada

2 dentes de alho, picados

1/2 colher de chá de sal kosher, além de mais a gosto

1 colher de chá de pasta de aji Amarillo

2 xícaras de feijão cozido ou enlatado, escorrido e enxaguado

1 xícara de arroz branco de grão longo cozido frio

1 colher de sopa de folhas frescas de salsa picada

1 colher de sopa de orégano fresco picado

1 lima, cortada em gomos

INSTRUÇÕES

Faça a salsa: em uma tigela média, misture a cebola com água fria suficiente para cobrir e deixe descansar por pelo menos 10 minutos, depois escorra. Misture com o coentro, suco de limão, aji Amarillo e sal

Faça o tacu tacu:

Em uma frigideira antiaderente de 10 polegadas em fogo médio-alto, aqueça 1 colher de sopa de óleo até brilhar. Junte a cebola e o alho e cozinhe, mexendo, até dourar levemente, 5 a 6 minutos. Misture o sal e o aji Amarillo e raspe a mistura na tigela de um processador de alimentos. Limpe a frigideira.

Adicione 1 xícara de feijão ao processador de alimentos e bata rapidamente até ficar homogêneo, mas ainda com pedaços. Raspe a mistura em uma tigela grande.

Adicione a 1 xícara restante de feijão, o arroz, a salsa e o orégano à tigela e mexa para combinar bem. Prove e acrescente mais sal se necessário.

Retorne a frigideira ao fogo médio e despeje mais 1 colher de sopa de óleo. Adicione a mistura de arroz e feijão e use uma espátula para espalhar uniformemente e embale levemente.

Cozinhe até dourar profundamente no fundo, cerca de 7 minutos. Retire do fogo, inverta um prato em cima da frigideira e vire cuidadosamente ambos para pousar o bolo de feijão e arroz com o lado de baixo para cima no prato.

Retorne a frigideira ao fogo médio, despeje a 1 colher de sopa restante de óleo e deslize o bolo de volta para a frigideira.

Cozinhe por mais 7 minutos, ou até dourar profundamente do outro lado, depois inverta o prato e vire a frigideira novamente para pousar o bolo no prato.

Cubra com a salsa e sirva quente com fatias de limão.

98. Ervilhas cozidas alcalinas com bolinhos

Tempo total: 40 minutos

Porções: 4

INGREDIENTES

1 xícara de feijão carioca seco, demolhado durante a noite
1 cebola, grande
1 cenoura, grande
3 dentes de alho
1 talo de cebolinha
1 colher de chá de tomilho
½ colher de chá de pimenta da Jamaica, moída
1 colher de sopa de tempero geral
Sal e pimenta a gosto
1 pimenta-do-reino, inteira
1 xícara de leite de coco
1 colheres de óleo

DUMPLINGS

1½ colheres de sopa. farinha de arroz branco
1½ colheres de sopa. farinha de trigo
1 colher de sopa de fécula de batata
½ colheres de sopa de farinha de tapioca
1 colher de farinha de amêndoa
¼ colher de chá de sal
2 colheres de sopa. agua

INSTRUÇÕES

Escorra os feijões demolhados e coloque-os em uma panela de pressão. Cubra com água fresca, cerca de uma polegada acima do feijão. Cubra e cozinhe por cerca de 20 a 25 minutos.

Enquanto isso, pique a cebola, o alho, a cenoura e a cebolinha e coloque-os em uma tigela.

Em outra tigela, misture todos os ingredientes secos para fazer os bolinhos. Aos poucos, adicione água, misturando após cada despejo, até que uma massa firme comece a se formar.

Divida a massa em cerca de 8 a 10 pedaços menores. Enrole cada pedaço entre as palmas das mãos na forma de cordas longas de 3 polegadas ou do tamanho do dedo mindinho. Coloque os bolinhos de lado em um prato.

Quando o feijão estiver cozido, deixe a panela de pressão liberar a pressão antes de abrir. Você pode colocar a panela sob água fria da torneira para ajudar.

Retire a tampa e adicione os temperos picados e os temperos restantes.

Adicione o leite de coco e os bolinhos e cozinhe em fogo baixo por 10 minutos.

Adicione os bolinhos e cozinhe por mais 5 minutos até que os bolinhos estejam totalmente cozidos. Se o ensopado estiver muito grosso, adicione mais água conforme necessário.

Retire do fogo. Sirva com arroz e legumes cozidos no vapor ou abacate.

99. Caril de Quiabo

INGREDIENTES

250g de quiabo (dedo de senhora) - cortado em pedaços de um cm
2 colheres de gengibre ralado
1 colher de sopa de sementes de mostarda
1/2 colher de sopa de sementes de cominho
2 colheres de óleo
Sal a gosto
Pinch asafetida
2-3 colheres de sopa de amendoim torrado em pó
Folhas de coentro

INSTRUÇÕES

Aqueça o azeite e adicione as sementes de mostarda. Quando estourar adicione cominho, asafetida e gengibre. Cozinhe por 30 segundos.

Adicione o quiabo e o sal e mexa até ficar cozido. Adicione o amendoim em pó, cozinhe por mais 30 segundos.

Sirva com folhas de coentro.

100. Caril de Coco Vegetal

INGREDIENTES

2 batatas médias cortadas em cubos
1 1/2 xícaras de couve-flor - cortada em floretes
3 tomates r picados em pedaços grandes
1 colher de óleo
1 colher de sopa de sementes de mostarda
1 colher de sopa de sementes de cominho
5-6 folhas de curry
Picar açafrão - opcional
1 colher de sopa de gengibre ralado
Folhas de coentro fresco
Sal a gosto
Coco fresco ou seco - ralado

INSTRUÇÕES

Aqueça o óleo e adicione as sementes de mostarda. Quando eles estourarem, adicione os temperos restantes e cozinhe por 30 segundos.

Adicione a couve-flor, o tomate e a batata mais um pouco de água, tampe e cozinhe, mexendo de vez em quando até ficar cozido. Deve haver algum líquido restante. Se você quiser um curry seco, frite por alguns minutos até que a água evapore. Adicione o coco, o sal e as folhas de coentro.

-

CONCLUSÃO

Nos primeiros dias de Nova Orleans, um gumbo provavelmente era servido como o primeiro prato de uma refeição. Hoje, dada a nossa vida acelerada, um gumbo geralmente conta como a entrada nas mesas de casa. Os restaurantes são mais propensos a seguir o estilo da velha escola com gumbo como aperitivo.

Durante a era do comércio de escravos, o quiabo foi introduzido em Nova Orleans por africanos, que, segundo a maioria dos especialistas em alimentos, trouxeram a planta para as plantações do sul através do Caribe. Era chamado de gombo ou kingombo nas línguas bantu e era cozido, frito, cozido no vapor ou em conserva e servido como um espessante e um ingrediente saboroso que combina bem com frutos do mar em gumbos.

Hoje, o significado de "gumbo" vai além da culinária. Quase qualquer mistura pode ser chamada de gumbo — um gumbo político, uma raça de cachorro, uma mania de moda. É um nome popular para animais; um em particular era um São Bernardo e mascote do New Orleans Saints em seus primeiros anos.

De todos os pratos servidos no caldeirão, ou gumbo, que é o sul da Louisiana, este prato pungente e único tornou-se sinônimo do território. Diga "New Orleans" e pensamos em "comida" ou pensamos em "gumbo".

www.ingramcontent.com/pod-product-compliance
Lightning Source LLC
Chambersburg PA
CBHW070501120526
44590CB00013B/716